운의 과학

운의 과학

—

2024년 1월 19일 초판 1쇄 발행

—

지은이 나카노 노부코
옮긴이 황세정
펴낸이 김관영
책임편집 장민정
마케팅지원 배진경, 임혜솔, 송지유, 이원선

—

펴낸곳 (주)로크미디어
출판등록 2003년 3월 24일
주소 서울특별시 마포구 마포대로 45 일진빌딩 6층
전화 02-3273-5135
팩스 02-3273-5134
편집 02-6356-5188
홈페이지 http://rokmedia.com
이메일 rokmedia@empas.com

—

ISBN 979-11-408-2137-2 (03190)
책값은 표지 뒷면에 적혀 있습니다.

—

잘못 만들어진 책은 구입하신 서점에서 교환해 드립니다.

THE SCIENCE OF LUCK

운의 과학

뇌과학자가 밝혀낸 운을 부르는 습관

나카노 노부코 지음 · 황세정 옮김

ROK
MEDIA

행운이란 준비가 기회를 만났을 때 찾아온다.

세네카Seneca

누구나 '행운을 끌어당기는 뇌'로 바꿀 수 있다

혹시 당신 주변에도 왠지 모르게 운 좋은 사람이 있지는 않은가. 딱히 특별해 보이지도 않는데 하는 일마다 술술 잘 풀리는 사람, 곁에서 보고 있으면 "운도 좋아"라는 말밖에 나오지 않는 사람 말이다.

그런 사람을 보고 부러워하면서도 '운은 내가 어떻게 할 수 있는 게 아니잖아, 내가 운이 없다 한들 뭘 어쩌겠어'라고 생각하지는 않는가. 그런데 과연 그 생각이 맞을까? 운도 바꿀 수 있지 않을까?

혹시 마쓰시타 고노스케松下幸之助를 아는가? 그는 세계적인 기업 파나소닉의 전신인 마쓰시타 전기기구제작소의 창업자로, 일본에서는 '경영의 신'이라 불리는 인물이다. 재산이나 인맥 하나 없이 그야말로 맨손으로 시작해 작은 공장을 대기업으로 키워낸 점만 보더라도 마쓰시타 고노스케는 일본에서 가장 '운 좋은 사람' 중 한 명이라 할 수 있다. 그런 그가 채용 면접을 볼 때 마지막에 늘 던지는 질문이 있었다.

바로 '당신은 운이 좋은가?'라는 질문이었다. 그리고는 "네, 저는 운이 좋습니다"라고 대답한 사람만 채용했다고 한다. 스스로 '운이 좋다'고 생각하는 사람은 얼마간의 역경을 겪더라도 포기하거나 비뚤어지지 않고 역경과 맞서 싸우다 결국 극복해내기 때문이다. 그런 사람은 '나는 운이 좋으니 틀림없이 괜찮을 거야'라고 자신을 믿기 때문이다.

마쓰시타 고노스케의 질문에서 알 수 있듯이 '운'이라는 것은 타고나는 것이 아니다. 그 사람의 사고방식과 행동 패턴에 따라 바꿀 수 있다. 운이 좋은 사람에게는 공통된 사고방식이나 행동 패턴이 있다. 운을 좋게 하는 방법이 있는 것이다. 즉, 운은 통제할 수 있다.

그러니 당신도 얼마든지 운이 좋아질 수 있다. 운이 좋아지는 사고방식이나 행동 패턴을 뇌에 정착시키면 된다. 당신의 뇌를 운을 끌어당기는 뇌로 만들면 되는 것이다.

이러한 생각을 바탕으로 이 책에서는 운을 좋게 하는 사고방식이나 행동 패턴을 뇌과학적 관점에서 알아보고, '운 좋은 뇌'로 만들 수 있는 힌트를 소개한다.

당신도 이 책을 읽고 운 좋은 사람이 되어보지 않겠는가?

뇌과학에 기반한
행운의 비결

운전할 때 한 번도 정지 신호를 만나지 않으면 '오늘 운이 좋네' 하는 생각이 든다. 슈퍼마켓 계산대 줄 가운데 내 줄이 가장 빠르게 줄어들면 '재수가 좋다'고 느끼게 된다. 또 우연히 응모한 이벤트에서 고가의 상품에 당첨되면 기쁘면서도 한편으로는 이런 곳에 운을 써버려도 괜찮은 건가 싶어 불안해지기도 한다.

이처럼 우리는 항상 '운'을 의식하며 살아간다. 그리고 '운이 확 트인다면 얼마나 좋을까?' 하고 바란다. 그렇다면 어떻게 해야 행운이 따를까? 좋은 운을 내 편으로 만드는 방법이 있을까?

나는 도쿄대학교 대학원 의학계 연구과에서 뇌신경의학을 전공한 후 2010년까지 프랑스의 사클레이연구소에서 근무했고, 지금은 프리랜서로 활동하며 뇌를 연구하고 있다. 뇌과학자가 운에 대해 다룬다고 하니 좀 의아할 것이다. 운은 과학과 상관없는 것처럼 느껴지니 말이다.

하지만 그렇지 않다. '운'이 따르는 삶에는 분명 과학에 기반한 이유가 있다. 뇌과학적으로 설명할 수 있는 특징이 있는 것이다.

운이 좋은 사람은 이런 말을 종종 한다.

"평소에 '나는 운이 좋은 사람이다! 행운이 따른다!'고 소리 내어 말하는 것이 좋다."

"꿈이나 목표, 원하는 것을 종이에 적어 눈에 잘 띄는 곳에 붙여두면 반드시 이루어진다."

"다른 사람에게 항상 감사하는 마음을 가져라."

이런 말들은 대개 자신의 경험을 토대로 한 것일 뿐, 과학적 근거는 없는 것처럼 들린다. 하지만 이렇게 말하는 이들을 보면 확실히 운이 좋다. 그 이유는 무엇일까?

이쯤에서 당신이 생각하는 '운 좋은 사람'이란 어떤 사람인지 떠올려보자. 경제적으로 풍요로운 사람? 자신이 좋아하는 일을 하는 사람? 건강하게 오래 사는 사람? 사랑하는 사람과 함께 살아가는 사람? 자유롭게 사는 사람?

저마다 다르게 정의할 수 있을 텐데, 과학적 관점에서 이야기하면 '살아남은 것'도 좋은 운을 정의하는 키워드로 볼 수 있다. 생물학에는 '적자생존適者生存'이라는 개념이 있다. 찰스 다윈Charles Darwin이 진화론進化論을 정립하는 과정에서 영향을 받았다고 여겨지는 이론으로, '생물은 환경에 가장 잘 적응한 개체가 살아남는다'는 뜻이다.

기린을 예로 들어보자. 기린의 목이 긴 이유는 무엇일까? 적자생존의 관점에서 본다면 목이 짧은 것보다는 긴 편이 더 멀리 내다볼 수 있으므로 적으로부터 자신을 보호할 수 있고, 높은 곳에 달린 잎사귀도 쉽게 따 먹을 수 있기 때문이라고 설명할 수 있다. 즉, 환경이 기린의 목을 길게 만들었다고 보는 것이다.

이와 대조되는 개념이 '운자생존運者生存'이다. 진화론의 중립설로 알려진 이론으로, 말 그대로 '운이 좋은 개체가 살아남는다'는 뜻이다. 운자생존의 관점에서 본다면 그저 운 좋게 살아남은 기린의 목이 우연히 길었을 뿐이다.

기린의 목이 길어진 정확한 이유는 아직 알려지지 않았지만(적자생존론을 따르자면 기린의 목이 지금과 같은 길이가 될 때까지 서서히 길어졌어야 하는데, 중간 길이의 목을 가진 기린의 화석은 발견되지 않았다), 적자생존론이 운자생존론보다는 설득력 있게 느껴진다.

그러나 이 경우는 어떨까? 개복치는 한 번에 약 2억 7,000만 개의 알을 낳는데, 그중에서 산란할 수 있는 개체로 성장하는 건 고작 한두 개에 불과하다. 적자생존의 관점에서는 '살아남은 한 개의 알이 다른 2억 6,999만 9,999개의 알보다 환경에 잘 적응한 것'이라는 뜻이 되며, 운자생존의 관점에서는 '살아남은 한 개의 알이 다른 2억 6,999만 9,999개

운의 과학

의 알보다 운이 좋았다'는 뜻이 된다. 이 경우에는 수많은 알 가운데 고작 한 개(혹은 두 개)만이 유전적 적합성을 가졌다고 보기보다는, 살아남은 한 개의 알이 그야말로 운이 좋았다고 보는 편이 더 자연스럽다.

장기적이거나 종 전체의 존속 같은 거시적 현상은 적자생존론으로 잘 설명된다. 그러나 인간의 일생 같은 단기적인 현상이나 비교적 개체 수가 적은 소규모 집단에서 일어나는 현상에는 운자생존론이 들어맞는 경우가 상당하다.

그런데 운자생존, 즉 '운이 좋은 사람이 살아남는다'는 말을 들으면 '내가 할 수 있는 건 아무것도 없네?' 하는 생각이 들게 된다. 개복치 알의 경우, 운 좋게 적을 만나지 않고, 혹여 적을 만나더라도 무사히 빠져나와 어려움 없이 먹이를 구한 단 하나의 알이 살아남는다. 그야말로 행운이 뒤따른 결과다. 그러다 보니 운자생존이라는 말에는 '그저 운에 맡기는 수밖에 없다'는 뉘앙스가 풍긴다. 알이 자기 운을 바꾸기 위해 할 수 있는 건 아무것도 없는 것만 같다.

하지만 정말 그럴까? 그저 운에 맡기는 수밖에 없을까? 노력해서 달라질 수는 없을까? 내 의지로 가장 좋은 운을 쟁취할 수 있는 방법이 있지 않을까?

나는 행운과 불운이 누구에게나 비슷하게 일어난다고 생각한다. 랜덤워크random walk(무작위 행보)라는 확률 모델이 있다. 연속적인 무작위 수에 의해 결정되는 움직임의 경로를 다룬 것이다. 예를 들어 동전을 던져서 앞면이 나오면 앞으로 한 걸음 가고, 뒷면이 나오면 뒤로 한 걸음 간다고 가정해보자. 동전을 1만 번쯤 던지면 최종적인 위치는 어디가 될까? 앞면이나 뒷면이 나올 확률은 반반이니, 최종적으로 제자리에 서 있게 될 거라 예상되지만, 실제로 그런 결과가 나오는 경우는 거의 없다. 대부분은 앞쪽으로 200~300보 혹은 뒤쪽으로 200~300보 정도 가게 된다.

운도 이와 같다. 자신에게 행운이나 불운이 연달아 일어났다고 여기는 사람도 있는데, 이러한 랜덤워크가 하나의 요인으로 작용했을 것이다. 사는 동안 좋은 일과 안 좋은 일이 대략 반반씩 일어난다고 생각하지만, 랜덤워크 모델에 따른다면 어떤 한정된 기간 동안 일어나는 일은 대개 어느 한쪽으로 치우친다. (물론 좋은 일이든 나쁜 일이든 어느 한쪽이 압도적으로 많이 일어나는 사람도 있을 것이다.)

그런데 뇌과학적 관점에서 볼 때 인간은 안 좋은 일이 한동안 이어지면 불운, 좋은 일이 이어지면 행운이라고 받아들이는 경향이 있다. 우리 뇌는 무작위로 발생한 일도 연속해서 다섯 번쯤 일어나면 지나치게 많이 일어난다고 느낀다. 물론 비슷한 일(예를 들면 좋은 일)이 계속해서 더 일어날 수도 있을 것이다. 하지만 몇 번이나 연속되었건 간에 무작위로 발생한 일임에도, 문제는 뇌가 이를 우연에 불과하다고 받아들이지 못한다는 데 있다. 즉, 뇌는 이를 편향되게 인식하는 '착오'를 일으킨다.

여러분은 '착오'에 대해 잘 알고 있는가? 예를 들어보자. 가로로 평행선을 여러 개 그은 다음, 그 사이에 세로선을 조금씩 엇갈리게 그어 정사각형을 만들고, 하나 걸러 하나씩

뮌스터버그 착시

검은색으로 칠해보자. 그러면 처음에 그린 평행선들이 휘어 보일 것이다. 아무리 냉정하고 주의 깊게 다시 보아도 역시 나 휘어 보인다.

　이는 '뮌스터버그 착시Münsterberg illusion'라고 불리는 유명 한 착시 현상이다. 인생에 일어나는 사건을 관찰할 때도 이 러한 착시 현상을 닮은 메커니즘이 무의식적으로 작용한다. 즉, '운이 좋다' 혹은 '운이 나쁘다'는 것은 단지 뇌가 일으키는 착오일 뿐, 현상적인 측면만 냉철히 분석하면 전혀 그렇지 않다. 하지만 아무리 이렇게 말해도, '세상에는 분명 운 좋은 사람이 존재해. 나도 그런 사람이 되고 싶어'라고 생각하는 사람이 많을 것이다. 아마 당신도 그런 바람으로 이 책을 집어 들었을 것이다.

사실 여기에는 또 다른 단계의 뇌과학이 얽혀 있다. '운이 좋다 혹은 나쁘다'의 비밀은 바로 여기에 숨어 있다. 이 비밀에 대해서는 앞으로 차근차근 밝혀나갈 계획이다.

그럼 '운의 좋고 나쁨'을 뇌가 어떻게 인식하는지 알아보자. 우선 가장 중요한 사실은 우리 주변에 '눈에 보이지 않는' 행운과 불운이 무수히 존재한다는 점이다. 예를 들어 당신이 출퇴근할 때 늘 오가던 길에 100만 원이 든 봉투가 떨어져 있었다고 가정해보자. 그런데 하필 그날따라 일찍 일어났고 기분도 좋아 출근길에라도 조금 더 걸을 요량으로 평소와 다른 길로 돌아갔다. 평소대로 출근했다면 100만 원이 든 봉투를 주웠을지도 모른다. 그러면 이에 대한 사례금도 받았을지 모른다. 하지만 평소와 다른 길로 가는 바람에 행운을 놓치고 말았다. 물론 당신은 이 사실을 전혀 알 수 없다. 반대의 경우도 생각해보자. 평소에 다니는 길로 갔을 경우 만나고 싶지 않은 사람을 맞닥뜨리거나 돌에 걸려 넘어지는 등 불운이 닥쳤을지도 모른다. 그런데 평소와 다른 길로 가서 불운을 피할 수 있었지만, 마찬가지로 본인은 이 사실을 알 수 없다.

이처럼 우리는 눈에 보이는 행운과 불운에만 주목하며, '운이 좋다' 혹은 '운이 나쁘다'고 말한다. 하지만 그 이면에는 우리가 미처 깨닫지 못하는 행운과 불운이 훨씬 더 많다. 이러한 점을 모두 고려한다면 운은 누구에게나 공평하게 찾아오는 셈이다.

그렇다면 어째서 운이 좋은 사람과 나쁜 사람으로 나뉘는 것처럼 보일까? 간단히 말하자면 운이 좋은 사람은 누구에게나 찾아오는 행운을 잘 포착하거나 남들보다 불행을 잘 막아내는 사람, 혹은 불운을 행운으로 바꿀 줄 아는 사람이다. 반대로 운이 나쁜 사람은 행운을 쉽게 놓치거나 불운을 끌어들이는 사람 혹은 불운을 행운으로 바꿀 줄 모르는 사람이라 할 수 있다.

운이 좋다는 말을 자주 듣는 사람들에게는 행동 패턴이나 사물을 보는 관점, 사고방식 등에 공통점이 있다. 즉, 운이 좋은 사람은 좋은 운을 타고나는 것이 아니라 행동 패턴과 사물을 보는 관점, 사고방식을 통해 행운을 붙잡고 불운을 막는다는 이야기다.

그렇다면 어떠한 행동 패턴이나 사고방식이 행운을 잡고 불운을 막는 것일까? 그리고 이러한 일은 어떻게 가능한 걸까? 이 점을 깊이 파고들자 의외로 과학적으로 설명 가능한 행동 패턴과 사고방식을 많이 발견할 수 있었다. 앞서 언급한, 운이 좋은 사람들이 종종 한다는 말을 기억하는가? '나는 운이 좋다'고 소리 내어 말하면 좋다는 것도, 꿈이나 목표 등을 종이에 써서 붙여두면 이루어진다는 것도, 다른 사람에게 감사하는 마음을 가지라는 것도 모두 과학적 근거가 있는 말이다.

이 책에서는 이러한 근거들을 살피고 오늘부터 실천할 수 있는 운을 좋게 하는 행동과 사고방식을 뇌과학적 관점에서 풀어나갈 것이다. 이러한 과학적 근거들이 누구나 운 좋은 사람이 될 수 있다는 사실에 설득력을 더해주어 행동과 사고방식을 바꾸도록 의욕을 불러일으키리라 생각된다.

참고로 미국 플로리다대학교 연구팀에서 '인간은 행복할수록 돈을 벌 기회가 늘어나는 경향이 있다'는 연구 결과를 발표한 적이 있다. 우리는 경제적 어려움을 겪지 않는 사람들을 보면서 '돈이 많아서 행복하겠네'라고 생각하지만, 어쩌면 실제로는 '행복하기 때문에 경제적으로 풍족해지는 것'일지도 모른다. 이는 운 좋은 사람들의 행동 패턴·사고방식과 운의 관계와도 닮은 부분이 있다.

운이 좋다는 말을 듣는 사람들의 행동 패턴이나 사고방식을 면밀히 관찰해보면, 결국 '좀 더 잘 살아가는' 문제와 연결된다. 예를 들어 운이 좋다는 말을 듣는 사람들은 다양한 의미에서 자신을 소중히 여긴다. 세상의 판단이나 편견에 휩쓸리지 않고, 자신의 가치관을 중요시하며 자신을 누구보다 아낀다. 또한 타인을 배려한다. 어떤 상황에서도 혼자 이기려 들지 않고 타인과 함께 살아가려 한다. 넓은 의미에서 볼 때, 그 누구보다 잘 살아가고 있으며, 그렇기에 운도 그들의 편이 되어주는 것이다.

이 책은 운을 좋게 하는 구체적인 행동과 사고방식을 과학적 근거를 들어 소개한다. 예를 들면, 자신만의 행복 척도를 가지고, 자신에 대해 긍정적인 생각을 하며, 타인과 함께하는 삶을 사는 것과 같은 것들이다. 이러한 생각과 행동을 실천한다면 더욱 잘 살아갈 수 있다.

물론 생각과 행동에 조금 변화를 준다고 해서 당장 운이 좋아진다는 보장은 없다. 하지만 운을 좋게 하는 생각과 행동을 매일 조금씩 늘려가다 보면 오늘보다 좀 더 나은 내일이, 내일보다 좀 더 나은 모레가 찾아올 것이다. 나는 그렇게 확신한다.

4장 ——————— **행운을 잡는 사고방식**

삶의 기준점에 따라
운이 달라진다

THE SCIENCE OF LUCK

<u>1</u>   # 당신의 뇌는
어떤 특성을 지녔나?

　　　　　　우리는 누구나 운이 좋은 사람이 되려고 노력한다. 예를 들어 경제적으로 풍요로운 사람이 운이 좋은 거라고 생각하면 경제적으로 풍족해지려 애쓰고, 건강하게 오래 사는 사람이 운이 좋은 거라 여기면 건강해지려 노력한다. 이처럼 자신이 바라는 운 좋은 사람이 되기 위해 공부하거나 환경을 바꾸는데, 이는 결국 지금의 자신을 바꾸려는 노력인 셈이다.

　　그런데 이러한 방법은 뭔가 잘못되었다. 운이 좋은 사람이 되기 위해서 자신을 바꾸려고 노력하는 그 순간에는 운좋은 사람이 되어가고 있다고 착각하지만, 사실 매우 먼 길을 돌아가고 있는 셈이다. 좀 더 정확히 말하자면 운 좋은 사람에서 오히려 점점 더 멀어지고 있는 게 아닐까 한다. 내 생각은 그렇다.

인간의 뇌는 저마다 다른 특성을 지니며, 이로 인해 사람은 저마다 다른 성격을 형성하게 된다. 뇌에는 세로토닌serotonin, 도파민dopamine, 노르아드레날린noradrenaline 같은 정서와 행동에 영향을 미치는 신경전달물질이 있다. 세로토닌은 뇌의 과도한 각성이나 활동을 억제하는 작용을 하여 안정감, 침착성 등을 유발하고, 도파민은 '의욕'의 근원으로 우리가 어떤 행동을 할 때 동기가 생기도록 자극한다. 또 노르아드레날린은 집중력을 높인다. 이 신경전달물질들은 건강하게 살아가는 데 꼭 필요한 것들이다. 그런데 그 분비량이 지나치게 증가하면 뇌와 신체에 악영향을 미치게 된다. 그래서 이를 방지하기 위해 신경세포에는 세로토닌, 도파민, 노르아드레날린을 분해하여 전체적인 양을 조절하는 모노아민 산화 효소monoamine oxidase라는 물질이 존재한다.

그런데 세로토닌, 도파민, 노르아드레날린 같은 신경전달물질의 양은 사람마다 다르고, 모노아민 산화 효소의 분해 정도도 유전적으로 차이가 난다. 이로 인해 뇌에 저마다 다른 특성이 생기는 것이다. 예를 들어 신경전달물질이 분해되는 정도가 약한 경우, 뇌는 행복감을 느끼기 쉽다. 당연히 이러한 뇌를 가진 유형은 선천적으로 행복감이 높다. 그런데 그 정도가 너무 심하면 원조교제 같은 반사회적 행동을 일으키기도 한다. 이 말은 얼핏 이상하게 들릴 수 있다. 행복감이 높은데 반사회적 행동을 일으킨다니!

모노아민 산화 효소의 분해 정도가 약하다는 것은 세로토닌의 분비량이 많다는 뜻이다. 세로토닌이 많이 분비되면 안정감은 커지지만, 반대로 불안감을 느끼지 못한다. 불안감은 앞일을 예측하는 힘, 미래를 생각하는 힘이 있어야만 싹틀 수 있다. 달리 말하면 앞일을 생각하지 않으므로 불안감을 느끼지 않는 것이다. 즉, 세로토닌의 분비량이 지나치게 많으면 앞일을 생각하지 않으므로 '지금 좋으면 그만'이라는 식의 반사회적 행동을 저지르게 될 수 있다. 또한 공격적인 성향을 나타내기도 한다. 이렇듯 우리 뇌에는 우리가 어찌할 수 없는 선천적 특징이 존재한다.

만약 자신의 뇌가 세로토닌 분비량이 많은 특징을 지녔다면, '나는 앞일을 잘 생각하지 않는 편이니까 하루하루를 진지하게 고민하며 살자'는 식으로 삶을 대하는 태도를 바꾸어 그 특성이 발휘되는 것을 어느 정도 억제할 수 있을 것이다. 그러나 뇌의 특징, 즉 유전적으로 타고나는 성향 자체를 바꾸기란 쉽지 않다.

우리는 흔히 '운이 좋은 사람'이 되기 위해 자신을 바꾸려고 노력하지만, 애초에 자신을 바꾼다는 것은 매우 어려운 일이다. 그보다는 '지금의 자신을 최대한 활용하는' 방법을 찾아보는 편이 낫다. 자신을 바꾸려고 하지 말고, 지금 자신이 가진 특성을 잘 살리는 것이다.

예를 들어 행복감이 높고 반사회적인 행동을 하기 쉬운 사람은 뒤집어 생각하면 '겁이 없는 사람'이라 할 수 있다. 겁 없는 성격은 영업이나 대규모 금융 거래 같은 일을 잘 해낼 가능성이 높다. 또는 불안감을 잘 느끼는 사람에게 긍정적인 말을 해줄 수도 있을 것이다. 공격적인 성향의 사람은 변호사처럼 설전을 벌여야 하는 직업에서 실력을 발휘하거나, 조직에서 섭외 등을 담당하며 활약할 수 있다.

이처럼 자신의 장점뿐만 아니라 얼핏 단점으로 보이는 요소까지 자신의 자질로 활용하는 방법을 찾아보자. 자신에게 주어진 모든 점을 자신의 자질로 키워낼 수 있도록 이를 통제하고 관리하는 노력을 기울이는 것이다.

또한 설령 지금 처한 상황이 세상이 정한 기준에서 조금 벗어나 있더라도 스스로 기분 좋게 느끼는 상황이라면 그 상황을 잘 활용할 수 있는 일을 생각해보자. 예를 들어 학교나 회사에 다니지 못하는 상황이라면 억지로 가려고 하기보다는 학교나 회사에 가지 않기 때문에 오히려 더 잘할 수 있는 일을 찾아볼 수 있을 것이다. 자신을 세상이 정한 기준에 끼워 맞출 필요는 없다. 중요한 것은 바로 나 자신이니까 말이다.

나는 이것이 운 좋은 사람이 되기 위한 절대 조건이라고 생각한다. 지금의 자신, 자신의 신체, 자신의 생각, 자신의 가치관, 자신의 직감 등 자신이 가진 모든 요소를 최대한 활용하자. 우선 지금의 자신을 잘 활용할 수 있는 일을 생각해보자. 지금의 자신을 최대한 활용한다는 것은 다음에 언급할 '깨진 유리창 이론'의 핵심 내용인 '자신을 소중히 여긴다'는 말과도 일맥상통한다. 새로운 것을 익히거나 얻으려 하지 말고, 이미 지니고 있는 요소들을 남김없이 활용하자. 이것이 운 좋은 사람이 되는 지름길 중 하나다.

2 깨진 유리창
이론

자신을 소중히 여길 것! 이는 운 좋은 사람이라면 누구나 실천하는 점이다. 예를 들어 아침에 양말을 신었는데 구멍이 난 것을 발견했다고 가정해보자. 이럴 때 운이 좋은 사람은 '오늘 밖에서 신발 벗을 일이 없으니까 그냥 신지 뭐'라고 넘어가지 않는다. 반드시 새것으로 갈아 신는다. 또 혼자서 식사를 해야 할 경우, 운 좋은 사람은 싸고 간편한 편의점 도시락으로 식사를 대충 때우려 하지 않는다. 식당에 가서 정성껏 만든 음식을 먹거나 간단하게나마 직접 요리를 해서 먹는다. 즉, 자신을 함부로 대하지 않고 소중히 다룬다. 남을 존중하듯 자기 자신도 존중하는 것이다.

운의 과학

예전에 나딘 드 로스차일드Nadine de Rothschild의 저서 《로스차일드 가문의 상류 매너북Le Bonheur de séduire, l'art de réussir》이라는 책을 읽고 감탄한 적이 있다. 많은 분이 알겠지만 나딘 드 로스차일드는 프랑스 파리의 소극장에서 공연하던 배우였다. 그녀는 가난한 가정에서 태어났고 중학교를 졸업하자마자 인쇄소와 작은 공장 등에서 죽기 살기로 일했다. 그러다가 드디어 소극장 무대에 오르게 되었지만, 크게 인기를 얻지는 못했다. 모든 이의 시선을 사로잡을 만큼 빼어난 외모도 아니었다.

그런 그녀가 로스차일드 가문의 중심인물이자 세계적인 대부호 중 한 명인 에드몽 드 로스차일드Edmond de Rothschild 남작과 결혼하면서 아름답고 호화로운 세계를 손에 넣게 된다. 그 세계는 그녀가 어릴 적부터 꿈꿔왔던 것 그 이상이다.

그녀는 확실히 운이 좋은 사람이라 할 수 있다. 그런 그녀가 자신의 저서에 "당신이 우선 보살피고 아껴야 할 대상은 자기 자신이다"라고 썼다. 그러면서 "만약 당신이 혼자 살고 있다면 방을 항상 깨끗하게 정돈해라. 혼자서 차를 마실 때도 이 빠진 컵이 아니라 가장 고급스러운 컵을 사용해라. 집에서 혼자 저녁식사를 해야 한다면 집에 돌아오는 길에 자신을 위해 꽃과 달콤한 디저트를 사와라."라고도 했다.

즉, 누구보다 자신을 아끼고 사랑해야 한다는 것이다. 이 대목을 읽었을 때 '역시 운이 좋은 사람은 자신을 소중히 여기는구나!'라고 느꼈다.

그렇다면 어째서 자신을 소중히 여기는 행동이 좋은 운을 불러오는 것일까? 원래 운의 좋고 나쁨은 주변 사람과 얼마나 돈독한 관계를 맺느냐에 크게 좌우된다. 자신을 소중히 여기는 사람은 다른 사람에게도 사랑을 받게 마련이다. 반대로 자신을 소홀히 대하면 다른 사람도 그 사람을 함부로 대하게 된다.

예를 들어 당신의 눈앞에 자동차가 두 대 있다고 가정하자. 한 대는 반짝반짝 잘 닦여 있고, 다른 한 대는 더러운 데다 차체가 찌그러져 있다. 만약 당신이 "둘 중 한 대를 막대기로 힘껏 내리치시오"라는 말을 듣는다면 어떤 차를 내리치겠는가? 아마 대부분 더러운 차를 선택할 것이다.

이는 심리학의 '깨진 유리창 이론broken window theory'(경미한 범죄가 결국은 흉악한 범죄를 낳는다는 이론)에서도 언급되는 내용으로, 사람에게는 어떤 질서가 흐트러져 있으면 이에 동조하는 경향이 있다. 예를 들어 쓰레기가 하나도 없는 깨끗한 길에는 함부로 쓰레기를 버리지 못하지만, 쓰레기가 잔뜩 떨어져 있는 길에는 '하나 정도는 더 버려도 괜찮겠지'라는 마음이 든다. 이미 질서가 흐트러진 장소에서는 질서를 더 흐트러트리는 일에 대해 심리적 저항감이 줄어드는 것이다.

이와 같은 심리는 사람에게도 적용된다. 자신을 소중히 하는 사람을 함부로 대하는 것에는 저항감이 든다. 그러나 스스로를 소중히 여기지 않는 사람은 함부로 대해도 괜찮을 것 같은 마음이 든다. 옷을 잘 갖춰 입은 사람에게는 무심코 존댓말을 하게 되지만, 옷차림에 신경을 쓰지 않는 사람에게는 말투부터 달라진다.

즉, 다른 사람에게 소중히 여겨지려면 그리고 주위 사람과 원만한 관계를 유지하려면, 우선 자기 자신을 소중히 여길 필요가 있다. 나딘 드 로스차일드의 말을 빌리자면 "자신을 아끼고 사랑해야 하는 것"이다.

3

자신만의
행복 척도를 가진다

자신만의 '행복 척도'를 가지는 건 매우 중
요하다. 이는 어떠한 상태가 자신에게 가장 좋은지, 어떠한
상태에 놓였을 때 자신이 행복감을 느끼는지 미리 파악해
두는 것이다. 예를 들어 카페에 앉아 느긋하게 책을 읽는 시
간이 가장 행복하다고 느끼는 사람도 있을 것이고, 방이 깔
끔하게 정리되어 있을 때 기분이 좋아지는 사람도 있을 것
이다. 반려견과 함께 시간을 보내거나 운동을 할 때 가장 즐
거운 사람도 있을 것이다. 물론 일이나 공부를 할 때 가장
즐거움을 느끼는 사람도 있다. 이처럼 '행복 척도'란 저마다
다르다.

운을 자신의 편으로 만들기 위해서는 자신만의 '행복 척도'를 가져야 한다. 이때 무엇보다 중요한 건 다른 사람의 척도가 아닌, 반드시 자신의 척도로 행복을 측정해야 한다는 점이다. 즉, 일반적인 가치관이나 타인의 의견에 휩쓸리지 않고, 자신의 가치관을 기준으로 자신만의 행복을 파악하는 것이 무엇보다 중요하다.

앞서 이야기했던 나딘 드 로스차일드는 "혼자서 차를 마실 때도 이 빠진 컵이 아니라 가장 고급스러운 컵을 사용해야 한다"고 말했다. 그러나 만약 그 이 빠진 컵이 소중한 사람에게서 선물받아 오랫동안 아껴 써온 것이라면 그 컵으로 차를 마시는 게 행복할 것이다. 그런 컵이라면 계속 사용해도 좋지 않을까? 하지만 나딘 드 로스차일드라면 "설령 그렇다 하더라도 나라면 이 빠진 컵은 절대 쓰지 않을 것이다"라고 딱 잘라 말했을지도 모른다. 즉, 이 빠진 컵을 사용할지 말지는 그 사람의 기준에 달려 있다. 그러니 자신이 이에 대해 마음속으로 어떻게 느끼고, 뇌가 어떻게 반응하는지를 정확하게 관찰하고 그에 따라 행동해야 한다.

타인의 척도가 아닌, 자신의 척도에 따라 행동하자. 타인의 생각은 중요하지 않다. 자신이 진심으로 '즐겁다', '기분 좋다'고 느낄 수 있는 행동을 하면 된다. 여기서 한 발 더 나아가 운이 좋은 사람은 자신의 기준에서 봤을 때 자신이 '행복하다', '기분 좋다'고 여길 수 있는 환경을 적극적으로 조성한다. 그렇다면 이러한 행동이 행운으로 이어지는 이유는 무엇일까? '행복 척도'에는 다른 사람들을 불러 모으는 힘이 있기 때문이다.

뇌에는 '쾌락'을 느끼는 일명 '보상계reward system'라는 신경회로가 있다. 이것은 뇌의 비교적 안쪽에 위치하는데, 외측 시상하부lateral hypothalamus, 시상thalamus, 안쪽앞뇌다발medial forebrain bundle, 복부 중뇌ventral mesencephalon, 미상핵caudate nucleus 등 쾌락의 생성에 관여하는 부분을 총칭한다. 이 부분에 자극이 가해졌을 때 인간은 쾌락을 느낀다. 식욕이나 성욕 같은 본능적인 욕구를 충족할 때뿐만 아니라 남을 돕는 사회적 행동처럼 '기분이 좋아지는 행동'을 해도 이 부분이 활성화된다. 즉, 자신이 즐겁고 기분 좋게 느끼는 상태를 적극적으로 만들어내는 사람은 항상 이 보상계를 자극하고 있는 셈이다.

자신의 보상계를 능숙하게 조종할 수 있다는 건 자신의 현재 상태에 크게 만족한다는 것이다. 사람이 가장 행복하

다고 느끼는 순간은 바로 자신이 기분 좋게 느낄 수 있는 상
태에 진심으로 푹 빠져 있을 때다. '좀 더 이렇게 하고 싶다',
'좀 더 그렇게 되면 좋을 텐데'라는 욕구는 조금도 없고 오로
지 '아, 정말 좋다', '즐겁다'라고만 느끼는 순간 말이다. 그런
순간에는 다른 건 아무것도 필요 없다는 생각마저 든다.

심리학에서는 항상 즐거운 상태를 만들려고 노력하는
사람(보상계를 자극하는 사람)은 자기 일치 상태에 빠져 있다고
말한다. 자기 일치 상태란 '이렇게 되었으면 좋겠다', '이래야
만 한다'고 생각하는 이상적인 자신과 실제 자신이 일치하
는 상태, 자기 자신을 있는 그대로 받아들이는 상태, 좀 더
간단히 말하자면 자신을 스스로 사랑하는 상태다. 예컨대
자기 일치 상태에 빠져 있는 사람은 '좀 더 똑똑하면 좋을 텐
데', '일을 더 잘할 수 있다면 좋을 텐데', '좀 더 세련되면 좋
을 텐데'와 같은 욕구를 느끼지 않는다. 지금 이대로 충분하
다고 스스로 인정하기 때문이다.

그리고 이러한 상태에 있는 사람에게는 다른 사람을 끌
어당기는 힘이 있다. '좀 더 이렇게 하고 싶다', '좀 더 저렇
게 하고 싶다'는 식으로 자신을 몰아붙이지 않기 때문에 함
께 있으면 편하다. 또 늘 기분이 좋으므로 옆에 있으면 더불

어 유쾌해진다. 게다가 자기 일치 상태에 빠진 사람은 다른 사람의 이야기도 잘 들어준다. 이야기를 하는 사람의 심리 상태가 다소 불안정하더라도 이러한 마음의 부담까지 흡수 해버리는 여유를 보인다. 이러한 사람이라면 누구든 당연히 사랑할 수밖에 없다.

즉, 운이 좋은 사람은 자신만의 행복 척도를 갖고 있고, 그 척도에 따라 행복한 상태를 만들려고 적극적으로 노력하며, 자기 일치 상태(스스로를 사랑하는 상태)에 빠진다. 그리고 이로 인해 다른 이들의 사랑도 받는다. 결국 좋은 운은 뇌의 보상체계를 자신의 척도에 맞춰 조종하는 능력을 키우면 얻을 수 있는 것이다.

4

새로움을 추구하는 성향이 약한 사람들에게

　　성실한 데다 남을 의심할 줄 모르고 타인의 이야기를 순순히 들어주며 책임감도 강한 사람. 이런 사람에 대해 어떻게 생각하는가? 얼핏 꽤 괜찮은 사람이라고 생각할지도 모르겠다. 그런데 이런 사람은 운 나쁜 사람이 될 수 있는 모든 요소를 갖췄다고 해도 과언이 아니다.

　　세상에는 급여나 근무 시간 등 노동법에 명시된 근로 조건을 지키지 않는 일명 '블랙 기업'이 존재한다. 어느 블랙 기업의 사장이 직원 채용에 대해 쓴 기사를 읽은 적이 있다. 기사에 따르면 이 사장은 '성실하고, 남을 의심할 줄 모르며, 다른 사람의 이야기를 순순히 들어주는 책임감 강한 성격을 지닌 사람'을 우선적으로 채용한다고 한다. '부리기 편한' 직원이기 때문이다.

이런 성격의 사람들은 보통 이상적이고 좋은 사람으로 보인다. 그러나 나는 이 기사를 읽으면서 '이런 유형의 사람들이 이용당하다 버려지는구나'라는 생각이 들었다.

그렇다면 상식적으로 생각했을 때 장점으로 여겨지는 '성실하고, 남을 의심할 줄 모르며, 다른 사람의 이야기를 잘 들어주는 책임감 강한 성격'이 어째서 운 나쁜 사람의 요소인 것일까? 성실하다는 것은 사회적 규범에 자신을 맞춘다는 뜻이다. 또 남을 의심할 줄 모른다거나 다른 사람의 이야기를 잘 들어준다는 것은 '자기 자신'이 존재하지 않는다는 뜻이기도 하다. 즉, 자신을 소중히 여기지 않는다는 이야기다. 사회적 규칙에 자신을 맞추고, '자기 자신'이 존재하지 않는 사람이 책임감을 발휘하면 어떤 일이 벌어질까?

이런 사람은 입사한 회사가 자신에게 맞지 않거나 불편해도 좀처럼 그만두지 못한다. 다른 사원들은 같은 조건에서 열심히 일하는데 자신만 그만두기가 미안하기도 하고, 자신의 책임을 다하지 못한 것 같은 생각도 들기 때문이다. 하지만 이는 자신의 장점인 책임감을 잘못된 곳에 사용하는 것이다. 상식적으로 옳게 보이는 일도 잘못 적용하면 부정적인 결과를 낳는다.

그렇다면 이러한 경우는 어떻게 해야 할까? 사회적 규칙이나 상식을 절대적으로 옳은 것이 아닌 상대적인 것으로 받아들이자. 물론 살다 보면 사회적 규칙이나 상식을 지켜야만 할 때가 있다. 그러나 때에 따라서는 다른 사람의 말을 듣지 않고 스스로 판단해 행동하는 편이 자신은 물론이고 주위 사람들을 위하는 일이 되기도 한다.

중요한 것은 규칙과 상식을 자신보다 우위에 두지 말아야 한다는 점이다. 가장 중요하게 여겨야 하는 대상은 바로 자기 자신이다.

참고로 사회적 규칙과 상식을 아무런 의심 없이 받아들이는 사람은 새로움을 추구하는 성향이 약할 가능성이 있다. 현재에 만족하지 못하고 새로운 것을 알고 싶어 하고, 새로운 것을 알아가는 데 기쁨을 느끼는 성향이 있는데, 이를 '새로움 추구novelty seeking' 성향이라고 한다. 새로움 추구 성향도 유전적으로 정해지며(이러한 성향은 도파민 수용체를 만드는 유전자의 길이에 좌우된다), 대개 선천적으로 강한 사람과 약한 사람, 중간 수준인 사람으로 나뉜다.

예를 들어 음료수를 살 때 신상품에 손을 뻗는 사람은 새로움 추구 성향이 비교적 강한 사람이며, 매일 같은 것만 마시는 사람은 새로움 추구 성향이 비교적 약한 사람이다. 또 새 전자제품이나 새로운 기종의 휴대전화가 나올 때마다 바로 교체하는 사람은 새로움 추구 성향이 강한 반면, 여간해서는 새로운 기기로 바꾸지 않는 사람은 새로움 추구 성향이 약하다고 볼 수 있다.

새로움 추구 성향이 약한 사람은 한 번 옳다고 믿은 사회적 규칙이나 상식을 계속 지키려고 노력한다. 그래서 자신을 소중히 여기기보다는 사회적 규칙이나 상식을 우선시하기 쉽다.

타고난 새로움 추구 성향의 정도는 바꿀 수 없다. 앞서 말했듯 유전적으로 정해지기 때문이다. 그러나 자신이 새로움 추구 기질을 어느 정도 갖고 있는지 파악한다면 강약을 조절할 수는 있다. 예를 들어 음료수를 살 때 늘 같은 맛을 고르는 편이라면, '나는 새로움 추구 성향이 약하다'는 사실을 알 수 있고, 다음번에는 일부러라도 다른 맛에 도전해보는 행동을 하든가, '나는 사회적 규범이나 상식을 그대로 받아들이는 경향이 있으니 주의하자'라며 생각이나 관점을 바뛰나갈 수 있다.

당신의 새로움 추구 성향은 어느 정도인가? 만약 새로움 추구 성향이 약한 편이라고 느껴진다면 사회적 규칙이나 상식을 자신보다 중요하게 여기고 있지는 않은지 점검해보자.

5 적당히 산다는 것의 의미

운 좋은 사람은 적당히 살아간다. 적당히 살아가다니! 의외라고 생각하는가? 그런데 이 또한 자신을 소중히 여기며 살아가는 방법 중 하나다.

'적당히'의 반대는 '성실히'라고 말할 수 있을 것이다. 앞서 성실함의 폐해에 대해 언급했으니, 여기서는 반대로 적당히 살아가는 것이 좋은 이유에 대해 살펴보자.

예전에 도쿄 시내를 지나는 전철 야마노테선의 운행 동영상을 본 적이 있다. 야마노테선의 맨 앞 칸인 운전석에서 신주쿠역에서 시부야역까지 가는 동안 바깥 풍경을 촬영한 영상이었다. 화면은 네 개로 분할되어 각기 다른 시간대

운의 과학

에 촬영한 동영상이 재생되었는데, 이 네 영상을 비교해 보다가 나는 깜짝 놀랐다. 네 열차의 속도가 거의 차이가 없었기 때문이다. 예를 들어 신주쿠역을 출발한 네 열차 중 두 대는 요요기역 플랫폼에 거의 동시에 들어왔고, 다른 열차 두 대도 고작 몇 초 후에 들어왔다. 이 영상의 촬영자는 며칠 동안 야마노테선을 탔는데, 해당 거리를 운행하는 데 소요된 시간은 가장 짧았을 때가 60분 10초, 가장 길었을 때가 60분 25초로 그 차이가 15초에 불과했다고 기록했다.

당시 이 동영상을 프랑스인 연구소 동료와 함께 보았는데, 그는 나보다 훨씬 놀랐고, "말도 안 돼!"라며 감탄하기까지 했다. 당연한 반응이었다. 나는 프랑스 연구소에 근무했을 당시 매일 전철로 출퇴근을 했는데, 프랑스 전철은 일본 전철과 비교하면 그야말로 상당히 '적당히' 운행되었다. 파업도 빈번한 데다 특별한 이유도 없이 갑자기 운행이 중단되기도 했고, 서야 할 역에 정차하지 않는 경우도 종종 있었다. 이용자의 입장에서 본다면 매우 불편한데, 그것이 프랑스다운 모습이라고도 말할 수 있다. 전철이 멈춰선 덕분에 생각지도 못한 선물처럼 달콤한 휴일을 즐기고, 그 하루를 자신만을 위해 쓸 수 있다고 생각하면 파업도 그리 나쁜 것만은 아니다.

일본과 프랑스의 열차는 극히 대조적이다. 일본의 열차가 '정확'(혹은 성실)하다면 프랑스의 열차는 (프랑스인들에게는 미안한 표현이지만) '적당히' 운행된다고 볼 수 있다. 그런데 열차를 삶에 비유한다면, 프랑스 열차처럼 사는 것이 훨씬 자신을 소중히 여기는 삶의 방식이라는 생각이 든다.

가령 야근을 예로 들어보자. 항상 야근을 하며 열심히 일하는 사람은 어떤 의미에서 성실한 사람이라고 볼 수 있다. 반면 적당히 일하는 사람은 자신의 일이 끝나면 주위 사람은 신경 쓰지 않고 곧바로 퇴근해 자기만의 시간을 가진다.

회사라는 틀 안에서 보면 성실한 사람이 호감을 얻을 것이다. 그러나 그 틀에서 벗어나서 보면 어떨까? 성실하다고 여겨지는 사람 중에는 '상사나 동료가 아직 남아 있는데 자기만 퇴근하는 건 옳지 않다'는 이유로 야근을 하는 사람도 있을 것이다. 이런 사람은 얼핏 '성실한 사람'처럼 보이지만, 실은 주위 사람들의 가치관에 매여 있는 것에 불과하다. 물론 우리 사회에는 늦게까지 남아 일하는 사원을 우수하게 보는 조직문화가 여전히 존재한다. 앞서 말한 사람은 그런 회사의 가치관에 사로잡혀 자신의 가치관을 놓치고 있는 것이다. 이는 스스로 자신을 죽이는 행위이다.

스스로 자신을 '죽이고' 있는 사람은 다른 사람에게도 '죽임'을 당하는 경우가 많다. 이는 앞서 언급했던 블랙 기업과 같은 회사에서 직원들이 무의미하게 노동력을 착취당하는 이유이기도 하다. 반면 적당히 일하는 사람은 회사의 가치관과 다소 어긋나더라도 자신의 가치관에 따라 행동한다. 스스로 자신을 '죽이지' 않기 때문에 다른 사람에게 '죽임'을 당하지도 않는다. 프랑스 열차처럼 살아가는 데에는 분명 유연한 삶을 살 수 있다는 긍정적인 측면이 있다.

프랑스 열차에는 불편한 부분도 많지만, 적당히 운행되기 때문에 얻게 되는 편리함도 있다. 예를 들어 열차 문이 닫히려는 순간, "잠깐만요! 좀 열어주세요!"라고 말하면 기관사가 문을 열어준다. 실제로 열차를 타기 위해 달려오는 승객을 기다렸다가 출발하는 광경을 여러 차례 봤다. 이처럼 '적당히' 산다면 유연하게 행동하고 사고할 수 있기 때문에 예측하지 못한 사태에도 잘 대처할 수 있다. 사고가 경직되어 있지 않으므로 불의의 사태에 대처할 방안을 다양하게 떠올릴 수 있는 것이다. 또한 적당히 살아가는 사람은 다른 사람의 부족한 부분도 너그럽게 받아들인다. 다른 사람의 실수에도 "그럴 수 있어"라며 관용을 베풀 수 있다.

물론 성실함 자체를 부정하는 것은 아니다. 성실함은 타인과 살아갈 때 반드시 필요하며 중요한 요소이다. 다만, 성실함을 핑계 삼아 자신을 소홀히 하고 있지는 않은지, 세상의 가치관에 얽매여 자신의 가치관을 잃고 있지는 않은지, 자신이 진정으로 하고 싶어 하는 일을 잊고 있지는 않은지 스스로에게 묻고 답해보는 것이 중요하다는 이야기다.

<u>6</u>   # 취향에도
과학적 근거가 있다

　　좋아하는 음식, 좋아하는 색상, 좋아하는 동물, 좋아하는 이상형 등 사람에게는 저마다 자신만의 '취향'이 있다. 그런데 취향에는 대체로 명확한 이유가 없다. 그 음식이나 색상을 왜 좋아하냐는 물음에 구체적인 이유를 대기가 어려울 것이다. 딱히 설명할 수는 없지만 자신도 모르게 끌리는 경우가 많기 때문이다.

　　나는 이처럼 딱 꼬집어 설명할 수는 없지만 분명히 존재하는 자신만의 '취향'을 소중히 여겨야 한다고 생각한다. 간혹 이러한 취향이 개체를 존속시키기 위한 올바른 선택으로 이어지기도 한다.

이성을 선택할 때 남성이 여성보다 '외모'를 중시하는 경향이 있다고 생각하지 않는가. 이 점에 대해 윌리엄 라섹 William D. Lassek과 스티븐 가울린Steven J. C. Gaulin을 중심으로 한 미국 연구팀에서 흥미로운 연구 논문을 발표했다. 연구팀은 피험자 남성에게 날씬한 여성, 중간 키의 일반 체형인 여성, 뚱뚱한 여성 등 다양한 체형의 여성 사진을 보여준 후, 가장 매력적으로 느껴지는 여성의 체형을 선택하게 했다. 그 결과 남성은 엉덩이둘레와 허리둘레의 비율waist-to-hip ratio, WHR이 0.6~0.7인 여성을 가장 선호했다. 가령 허리둘레가 65cm라면 엉덩이둘레가 약 92~108cm인 여성을 선호한 것이다.

그 이유는 과연 무엇일까? 연구팀은 연구 대상을 WHR이 0.6~0.7에 해당하는 여성과 그렇지 않은 여성 두 그룹으로 나누고, 각 그룹의 여성이 낳은 자녀의 IQ 테스트 성적을 비교해보았다. 그리고 WHR이 0.6~0.7에 해당하는 여성들의 자녀가 그렇지 않은 여성의 자녀보다 IQ 수치가 높다는 것을 확인할 수 있었다.

이러한 결과는 지방의 종류와 관련이 있다고 추측된다. 허리 주변, 즉 허리와 배에 축적되는 지방은 오메가-6 지방산이다. 반면 엉덩이나 허벅지에 쌓이는 지방은 오메가-3 지방산이다. 같은 지방이지만 질적으로 차이가 난다.

인간의 뇌는 대부분 지방으로 구성되어 있다. 그리고 뇌에 있는 신경세포는 세포핵이 있는 세포체와 여기에서 뻗어나온 수상돌기dendrite, 축삭돌기axon로 이루어진다. 축삭돌기 주변은 절연성 인지질로 덮여 있는데, 이를 미엘린초myelin sheath 혹은 수초marrow sheath라고 한다. 그런데 모든 신경세포의 축삭돌기가 미엘린초로 덮여 있는 것은 아니다. 태어날 때부터 일부 존재하기는 하지만, 대부분 성장 과정에서 형성된다(미엘린화된다). 미엘린화가 진행되면 세포의 정보 전달 속도는 비약적으로 향상된다. 즉, 미엘린화가 진행된다는 것은 결국 뇌가 성장한다는 뜻이다. 이 미엘린초의 원료가 되는 것이 바로 오메가-3 지방산이다. 엉덩이와 허벅지에 축적되는 지방은 뇌를 성장시키는 지방이나 다름없다.

논문을 발표한 연구팀은 오메가-3 지방산이 많은 데다 건강과 노화의 지표인 복부 지방이 적은 여성일수록 똑똑한 아이를 낳을 확률이 높으며, 남성은 이러한 여성을 무의식적으로 구별해내는 것이라고 밝혔다.

참고로 여성은 남성을 선택할 때 기억, 즉 행동과 말에

모순된 점이 없는지를 중요하게 여긴다. 가령 여성은 남성이 약속을 잘 지키는 사람인지 아닌지에 대해 매우 뚜렷하게 반응한다. 이는 그 남성이 '식량을 제대로 챙겨오는 사람인지 아닌지'를 판단하는 데 도움을 준다. 상당히 이해타산적이라는 느낌도 들지만, 생존을 위해서라면 특히 수렵 시대에는 상당히 필요한 자질이었을 것이다.

물론 이러한 연구 결과에도 항상 예외는 존재한다. 특히 자녀의 성적은 환경적 요소 등에 크게 좌우되므로, 단지 어머니의 WHR 수치만으로 판단할 수는 없다. 그러나 그렇다고 해서 우리가 무의식적으로 갖게 되는 '취향'에 과학적 근거가 없다고 볼 수도 없다. 취향은 인간이 생물적 존재로서 생존하기 위해 그리고 자손을 번식시키기 위해 오랜 세월에 걸쳐 익힌 능력이라 할 수 있다. 그러니 자신의 취향을 소중히 여기는 것은 '자신을 소중히 여기는 것'과도 일맥상통한다.

7   재미를 좇는 일을
해야 하는 이유

어떤 일을 해야 할지 말아야 할지 고민될 때는, 그 일이 자신에게 재미있을지를 생각해보고 판단을 내리길 권한다. 흔히 어느 쪽이 정답인지, 어느 쪽이 올바른 길인지에 대해 생각하기 쉽지만 그보다는 '재미'를 판단 기준으로 삼자. 그러는 편이 건강에 좋다.

사람은 옳다고 생각하는 일을 의무감 때문에 억지로 하는 것보다 실제로 재미가 있어서 즐겁게 할 때 더 큰 행복감을 느낀다. 영국 런던에서 실시한 조사에 따르면 스스로 행복하다고 느끼는 사람이 그렇지 않은 사람보다 사망 위험이 35% 낮게 나타났다. 이 조사는 52~79세의 성인 약 3,800명을 대상으로 실시한 것이다. 우선 피험자에게 복수의 질문에 답하게 한 후 피험자 개개인의 행복도를 평가했다. 그리고 5년 후에 피험자의 상황을 추적 조사했다.

그 결과 행복도가 가장 높은 그룹의 사망률은 3.6%인데 반해, 행복도가 가장 낮은 그룹은 사망률이 7.3%로 약 2배나 차이가 났다. 여기에 연령과 생활습관 등 모든 요인을 고려해 35%라는 수치를 산출한 것이다.

그렇다면 스스로 행복하다고 느끼는 사람이 더 오래 사는 이유는 무엇일까? 그 이유 중 하나는 신체 내에 존재하는 면역계 물질로 설명할 수 있다. 면역계 물질은 심리 상태에 영향을 받는다. 스스로 행복하다고 느끼면 이 물질이 균형을 이루고, 반대로 행복하지 않다고 느끼면 그 균형이 무너져 병에 걸리기 쉽다. 대표적인 면역세포인 자연살생세포 natural killer cell(일명 NK세포)도 마찬가지다.

예를 들어 인플루엔자 같은 감염증에 걸렸다고 가정해보자. 감염증에 걸린다는 것은 바이러스가 세포에 침투해 대사 기관을 자기 증식에 이용하는 상황을 말한다. 이때 바이러스에 감염된 세포를 죽이는 것이 자연살생세포다. 또 아무리 젊고 건강한 사람도 하루에 수십 개에서 수천 개의 암세포가 체내에 생겨난다. 인간의 세포는 매일 새로운 세포로 바뀌는데, 이 과정에서 어쩔 수 없는 오류가 발생하여 암세포로 발전하는 것이다. 이러한 복제 오류를 범한 세포를 죽이는 것 또한 자연살생세포다. 따라서 자연살생세포가 정상적으로 작동하는 사람은 암은 물론이고 감염증에도 잘 걸리지 않는다.

그런데 자연살생세포는 활성도가 높다고 해서 무조건 좋은 건 아니다. 지나치게 높지도 낮지도 않은 '적당한 활성'을 띠는 것이 인체에 가장 좋은데, 평소 행복감을 가진 사람은 이런 '적당함'을 늘 유지하고 있다고 볼 수 있다.

인터루킨-6 Interleukin-6, IL-6이라는 면역계 물질의 분비 또한 심리 상태에 영향을 받는다. 인터루킨-6은 통증이나 염증 정도의 지표가 되는 물질로, 특히 류머티즘 환자 등의 경우 수치가 높은 편이다. 류머티즘 환자에게 만담을 들려주어 한껏 웃게 하면, 이를 듣기 전보다 인터루킨-6의 수치가 떨어지는 것으로 밝혀졌다. 즉, 염증이나 통증이 완화되는 것이다.

통증은 느끼는 것만으로도 불쾌하지만, 이로 인해 혈관이 수축하거나 근육이 경직되어 혈관 상태가 악화되기도 한다. 그러면 심부에서 출혈이 발생하기 쉬워지고, 경색을 일으키는 등 각종 위험이 증가한다. 따라서 통증을 완화시키는 것은 매우 중요한 일이다.

'병은 마음먹기에 달렸다'는 말을 흔히 하는데, 실제로도 마음가짐이 신체 건강에 영향을 끼친다는 사실이 각종 실험과 연구를 통해 밝혀지고 있다. 건강하려면 행복감을 느끼는 상태를 조금이라도 길게 유지하는 것이 좋다. 그런 의미에서 일상의 판단 기준을 '재미'에 맞추는 건 효과적인 방법이라 할 수 있다.

또한 재미를 판단 기준으로 삼으면 의욕이 더 생겨나서 좋다. 앞서도 이야기했지만 '재미있다!', '재미있어 보인다!' 라고 느끼면 뇌 안에 있는 보상계가 자극을 받는다. 그러면 뇌세포의 신경전달물질 중 하나인 도파민이 분비된다. 도파민은 '의욕'의 원천이 되는 물질이다. 즉, 무엇인가를 선택해서 행동할 때 그 행동이 옳거나 그른지를 판단하기보다, 재미있는지 판단하는 편이 의욕을 더욱 고취시킬 수 있는 것이다.

게다가 도파민은 중독성이 있어서 어떤 일을 시작했을 때 일이 순조롭게 잘 풀려나가면 '좀 더 해보자'는 생각이 들

운의 과학

게 된다. 옳고 그름에 따라 선택을 했을 때와 재미에 따라 선택했을 때 중 어느 쪽이 더 좋은 결과를 낳을지는 굳이 말하지 않아도 알 것이다. 물론 재미보다 올바름을 우선시해야 하는 경우도 있지만 말이다.

그런데 사람은 나이가 들수록 '재미'라는 관점을 잊고 살기 쉽다. 오사카대학교 의학부의 오히라 데쓰야大平哲也의 논문에 따르면, 어린이들은 하루에 평균 300회 정도 웃는 반면, 어른은 17회, 70세 이상의 노인은 2회밖에 웃지 않는다고 한다.

당신은 오늘 몇 번 웃었는가? 자주 웃기 위해서라도 어떤 일을 선택할 때 '재미'를 판단 기준으로 삼도록 하자.

자신에게
관대한 사람

"괜찮아. 걱정하지 마. 이런 내 모습조차도 사랑해." 나는 가끔씩 스스로에게 이런 말을 한다. 특히 부주의한 언동으로 다른 사람에게 피해를 입히거나 상처를 주어 '난 왜 이럴까' 하고 자책할 때면 이렇게 말하고는 한다.

이 방법은 정신과 의사인 내 지인이 환자들을 치료하는 방법 중 하나다. 그는 병원을 찾는 환자들이 하나같이 자신을 소중히 여기지 않는다는 사실을 발견했다. 그래서 환자들이 자기 자신을 사랑할 수 있도록 스스로에게 사랑한다고 말하게 했다. 처음에는 자신에게 사랑한다고 말하는 행위에 거부감을 느끼던 환자들도 여러 번 반복하는 동안 점차 자신을 소중히 여기게 되었다고 한다.

운이 좋은 사람은 자신을 소중히 여긴다고 앞서 밝힌 바있다. 자신을 소중히 한다는 것은 자신에게 신경을 쓴다는 뜻이다. 예를 들어 옷차림에 신경을 쓴다거나 몸에 좋은 음식을 먹거나 정리 정돈을 잘하는 식으로 말이다. 이러한 행동의 밑바탕에는 자신에 대한 애정이 깔려 있다. 자신을 싫어하는 사람은 자신을 소중히 여길 수 없다. 자신을 소중히 여기기 위해서는 우선 스스로를 사랑하는 것이 중요하다. 그러니 가끔씩이라도 스스로에게 사랑한다고 말해보자.

이때 중요한 것은 자신에게만은 한없이 관대하게 굴고, 무조건 자기편이 되어주는 것이다. 잘못을 하더라도 "그래도 역시 내가 좋아"라고 말하며 자신을 받아들여주는 것이다.

얼마 전에 나는 친구와의 약속 시간을 혼동한 적이 있다. 친구가 '11시에 만나자'고 메시지를 보냈는데, '1시'로 잘못 보아 친구를 두 시간이나 기다리게 하는 잘못을 저지르고 말았다. 누가 봐도 내 잘못이 분명했다. 하지만 이럴 때조차 "어쩌다 이런 실수를 저질렀담. 그래도 나는 내가 정말 좋아!"라고 말했다. 물론 친구에게는 진심으로 사과했고, 앞으로 문자 메시지를 주의 깊게 봐야겠다고 반성도 했다.

반성은 하되 좌절하지 않도록, 스스로 자신을 싫어하지 않도록, 마음이 한없이 넓은 자신을 마련해두는 것이다. 그리고 마음속으로 "그런 나조차도 사랑해"라고 말해주는 것이다. 그리고 이는 자신감이 부족하거나 쉽게 지치고 힘들어하는 이들에게 특히 권하는 방법이다.

운을 바꾸는
자기 긍정 메커니즘

THE SCIENCE OF LUCK

1   운의 좋고 나쁨은
생각에 달렸다

자신은 운이 좋은 사람이라고 굳게 믿어버리는 것. 이것이야말로 운을 좋게 하는 습관 중 하나다. 이렇다 할 근거가 없어도 괜찮다. 운이 따라주었다고 자랑할 만한 기억이 없어도 상관없다. 그냥 무턱대고 '나는 운이 좋다'고 믿어버리자.

예전에 직감력에 대한 조사 결과를 본 적이 있다. 사람들은 대개 배우자나 연인이 바람을 피울 때, 남성보다는 여성이 잘 알아차린다고 생각한다. 이 조사를 실시한 사람도 여성이 남성보다 직감이 뛰어날 것이라는 가설을 바탕으로 조사를 시작했다. 실제로 '자신이 직감이 뛰어난 편이라고 생각하는가?'라는 질문에 '그렇다'고 대답한 응답자는 남성보다 여성이 더 많았다. 그런데 막상 거짓말을 알아차리게 하는 실험을 해보니 비록 1%의 근소한 차이이기는 했지만 거짓말을 간파한 남성이 더 많았다. 이 실험을 통해 주관적인 직감의 척도와 객관적인 직감의 척도 사이에 격차가 존재한다는 사실이 밝혀졌다.

이는 스스로 '직감이 뛰어나다'고 말하는 사람에게 사실 그렇게 생각할 만한 근거가 거의 없다는 사실이 밝혀진 것이라고도 볼 수 있다. 그렇다면 운도 이와 같지 않을까?

세상에는 '나는 운이 좋다'고 생각하는 사람과 '나는 운이 나쁘다'고 생각하는 사람이 있다. 그러나 실제로 '운이 좋다'고 생각하는 사람에게 명확한 근거가 있는 경우는 매우 드물다. 그러니 '나는 운이 좋다'고 믿기 위해 딱히 근거를 찾을 필요는 없다. 근거가 전혀 없더라도 '나는 운이 좋다'고 생각하면 '운이 나쁘다'고 생각하는 사람보다 운이 좋아질 것이다. 그렇게 말할 수 있는 이유는 무엇일까?

예를 들어 비즈니스 계약이 제대로 성사되지 않았다고 가정해보자. 자신을 운이 좋은 사람이라고 생각하는 사람은 '나는 운이 좋은 편인데도 이번에는 계약이 성사되지 않았

네? 준비 단계에서 내가 실수를 범했거나 부족한 부분이 있었을지도 몰라'라는 식으로 생각할 것이다. 반면 자신을 운이 나쁜 사람이라고 생각하는 사람은 '내가 이렇게 노력했는데도 계약을 성사시키지 못한 건 순전히 운이 나쁜 탓이야'라고 생각할 것이다.

운이 좋다고 생각하는 사람은 노력할 여지가 생기지만, 운이 나쁘다고 생각하는 사람은 그러한 여지 자체가 생기지 않는다. 즉, 운이 좋다고 생각하는 사람은 노력 여하에 따라 다음 계약을 성사시킬 가능성이 커지지만, 운이 나쁘다고 생각하는 사람은 그렇지 않다.

부부나 연인 사이 같은 인간관계에서도 마찬가지다. 운이 좋다고 생각하는 사람은 '나는 운이 좋으니까 이 사람과 평생 함께할 수 있을 거야'라고 생각한다. 싸우더라도 '혹시 나한테 뭔가 부족한 부분이 있는 것은 아닐까?'라고 생각한다. 그러나 운이 나쁘다고 생각하는 사람은 '내가 이렇게 노력하고 있는데도, 그 사람은 전혀 알아주지 않아. 이런 사람을 선택하다니 참 운도 없지'라고 생각해버린다.

운이 좋다고 생각하는 사람에게는 상대방과의 사이가 더욱 깊어질 기회가 생기지만, 운이 나쁘다고 생각하는 사람에게는 그런 기회가 주어지지 않는다. 오히려 사이가 점점 더 나빠질 것이다.

사실 운이 좋다고 생각하는 사람이나 나쁘다고 생각하는 사람이나 겪는 일은 대체로 비슷비슷하다. 그러나 그 일을 받아들이는 방식이나 생각은 크게 다르다. 대처하는 방법도 다르다. 오랜 세월 동안 이러한 일들이 겹치다 보면 당연히 그 결과도 크게 달라질 것이다. 그러니 아무런 근거가 없어도 '나는 운이 좋다'고 굳게 믿는 편이 낫다.

2

자기 긍정이
불러오는 효과

'나는 운이 좋다'고 굳게 믿는 것만큼 자신에 대해 긍정적인 생각을 갖는 것은 중요하다. 어떠한 임무를 맡았을 때, 시험에 도전할 때, 운동 경기에 나갈 때처럼 중요한 일을 앞두고 자기 자신을 긍정하면, 그러한 생각 자체가 결과에 좋은 영향을 미친다.

예를 들어 회사에서 매우 어렵고 중요한 프로젝트를 맡게 되었다고 가정해보자. 이때 다음과 같이 자신을 긍정하는 것이다. '지난번 프로젝트도 성공했으니까 이번에도 분명히 성공할 거야', '이렇게 어려운 프로젝트를 맡게 된 건 평소 내 노력과 성과가 인정받았다는 뜻이지', '그 어렵다던 시험도 합격했으니까 이번에도 틀림없이 잘 해낼 수 있을 거야', '나라면 할 수 있어! 내가 실패할 리 없잖아'라고 말이다. 긍정적인 자기 이미지를 떠올릴 때 딱히 근거를 찾으려고 애쓸 필요는 없다. 근거 없는 자신감 하나면 충분하다. 그러는 편이 프로젝트를 성공시킬 확률을 높인다. 이는 실험으로 증명된 사실이다.

영국에서 심적 회전mental rotation 과제의 수행능력을 테스트하는 실험을 실시했다. 심적 회전 과제란, 하나의 도형(평면 혹은 입체)을 보여준 다음 나열된 5~6개의 도형 가운데 그것과 똑같은 도형을 찾게 하는 것이다. 나열된 도형은 원래의 도형을 회전시킨 것이므로 같은 도형을 한눈에 찾기란 쉽지 않다.

일본에서는 심적 회전을 '정신 회전'이라고도 부르는데, 정신 회전이라는 말처럼 원래의 도형을 찾기 위해서는 머릿속으로 해당 이미지를 회전시켜봐야 한다. 일반적으로 남성이 여성보다 더 빠르고 정확하게 심적 회전 과제의 답을 찾아내는 것으로 알려져 있다.

영국에서 실시한 실험은 미국인 대학생을 대상으로 했으며, 테스트 전에 간단한 설문조사를 했다. 사실 이 실험의 핵심은 이 설문조사다. 설문지에 성별을 묻는 항목을 넣었을 때는 여학생의 정답률이 남학생의 64%였다. 그런데 설문지에 소속 대학을 묻는 항목을 넣자 여학생의 정답률이 남학생의 86%까지 상승했다.

피험자 대부분은 명문 대학을 다니는 학생이었다. 설문조사에서 소속 대학을 묻자 자신이 명문 대학을 다니는 우수한 학생이라는 긍정적인 이미지가 떠올랐고, 이것이 테스트에 좋은 영향을 끼친 것이다. 이처럼 자신에 대한 긍정적인 이미지는 행위에 직접적인 영향을 준다. 그러니 어떠한 일에 열중할 때나 새로운 일에 도전해야 할 때는 자신에 대한 부정적인 이미지를 가급적 지우고, 최대한 긍정적인 이미지를 갖도록 해야 한다.

긍정적인 이미지는 '운이 좋다'는 굳은 믿음과 맞물려 돌아가며 선순환을 이룬다. '운이 좋다'는 굳은 믿음과 자신에 대한 긍정적인 이미지를 가지면 새로운 도전과 과제를 성공으로 이끌기가 쉬워지고, 성공하게 되면 '역시 난 운이 좋아!'라고 생각하게 되며, 이로 인해 자기 긍정이 더욱 향상되어 또 다른 일에 쉽게 도전할 수 있다.

다음번 도전에서 실패하는 경우도 마찬가지다. 앞서 말

한 것처럼 '나는 운이 좋다'고 생각하는 사람은 이러한 순간에 반성을 하고, 다음 도전을 위해 더 노력하여 성공 확률이 높아진다. 결국 다음 도전에서 성공하여 앞서 말한 선순환 구조로 돌아가는 것이다.

3 자기 긍정을
각인시키는 방법

'운이 좋다'고 믿는 편이 좋다고 아무리 이야기해도 이제껏 '운이 나쁘다'고 생각해온 사람은 생각을 바꾸기 쉽지 않다. 그래서 이번에는 '나는 운이 좋다'고 생각하는 연습을 해보려고 한다.

우선 자신을 이 세상에 태어나게 한 생명의 기적에 대해 생각해보자. 인간의 생명은 정자와 난자가 만나 만들어진다. 개인차가 있기는 하지만 한 번 사정할 때 나오는 정자의 수는 평균 1억~4억 개로 알려져 있다. 사정된 정자는 난자가 기다리고 있는 자궁의 난관 팽대부로 향하게 되는데, 여기까지 도달하는 정자의 수는 수십~수백 개에 불과하다. 그리고 수정이 되는 정자는 그 가운데 단 하나다.

수정이 이루어져도 수정란이 자궁 내에 착상할 확률은 약 75%다. 만약 착상되더라도 그 가운데 몇십 퍼센트는 임신에 실패한다. 임신이 되더라도 그 가운데 약 15%는 유산된다. 이처럼 우리의 생명은 막대한 수의 정자 가운데 선택받은 단 하나의 정자가 난자와 만난 후 수많은 행운을 거쳐 태어난 것이다.

이렇게 생각하면 우리가 이 세상에 태어나 지금 이 순간까지 살아가고 있는 것이 기적처럼 느껴지지 않는가? 게다가 이 기적은 나 하나에 국한되는 것이 아니다. 내 생명의 원천이 된 부모님, 부모님의 부모님이신 네 명의 조부모님, 또 그 위에 계신 여덟 명의 증조부모님에게도 기적이 일어났기에 가능한 것이다. 또한 그 위의 고조부모님을 비롯해 무수히 많은 생명의 줄기가 이어져 있으니 그만큼의 기적이 존재하는 것이다. 그 가운데 어느 한 곳에서라도 기적이 이뤄지지 못했다면 지금의 나는 존재할 수 없을 것이다. 그렇게 생각한다면 나란 존재는 그야말로 '행운아'다.

"나는 운이 좋다", "재수가 좋다"고 자주 소리 내어 말하면 정말로 운이 좋아진다는 이야기를 종종 듣게 되는데, 이 말에는 과학적 근거가 있다. 기억 행위에는 대뇌 안쪽에 있는 해마hippocampus라는 부위가 관여한다. 시각, 청각, 후각 같은 감각기관을 통해 들어온 정보는 해마로 전송되고, 해마는 이를 단기간 기억해야 할 정보와 장기간 기억해야 할 정보 그리고 곧바로 잊어버려도 되는 정보로 구별해서 통합·정리한다. 그런데 정보를 전송할 때 작용하는 감각기관이 많을수록 기억이 한층 강화되고 장기간 남아 있기 쉽다. 따라서 그저 마음속으로만 '나는 운이 좋다'고 생각하기보다 소리 내어 "운이 좋다"고 말하는 편이 장기 기억과 관련된 뇌세포를 활성화시켜 '나는 운이 좋다'는 점을 뇌에 깊이 각인시킬 수 있는 것이다.

이와 마찬가지로 '나는 운이 좋다!', '행운이 따른다!', '재수가 좋다!'는 문구를 적은 종이를 눈에 잘 띄는 곳에 붙여놓는 것도 시각에 자극을 주는 효과적인 방법이 될 수 있다. 그리고 뇌에 새로운 회로가 형성되는 데 최소 3주 이상 걸리니 이러한 방법은 적어도 3주간 의식적으로 반복해야 한다.

4

거울 뉴런을 활성화하여
운을 불러들인다

　　운이 좋은 사람이 되기 위해 '나는 운이 좋
다'고 생각하는 것만큼이나 항상 운이 따르는 사람 곁에 있
는 것도 좋은 방법이다. 운의 좋고 나쁨은 선천적으로 타고
나는 것이 아니라 행동 패턴에 따라 결정되는 것이다. 그런
데 운이 좋은 사람 곁에 있으면 그 사람의 행동 패턴을 점차
닮아가게 되어 '운을 불러들이는' 일이 가능해진다. 인간은
주변 사람들의 영향을 쉽게 받기 때문이다.

　　일례로 결혼 상대를 정할 때 상대의 부모를 살펴보는 경
우가 있다. 유전적으로 닮은 부분도 있지만, 자식들은 오랜
시간 부모와 함께 지내며 많은 영향을 받게 된다. 사고방식

이나 관점은 물론이고 신발이 닳는 부분까지 부모를 닮는다고 한다. 그러니 상대가 자신의 배우자로 적합한지 아닌지를 부모를 보고 판별할 수 있는 것이다.

인간은 어째서 주위 사람의 영향을 받게 되는 것일까? 이는 뇌 안에 있는 거울 뉴런mirror neuron이라는 신경세포와 관련이 있다. 거울 뉴런은 이탈리아의 자코모 리촐라티 Giacomo Rizzolatti 박사 연구팀이 1990년대에 원숭이 실험을 통해 발견했다.

거울 뉴런은 운동을 했을 때 활성화되는 뇌신경세포인데, 다른 사람의 운동을 봤을 때도 활성화되는 특징이 있다. 가령 자신이 손으로 뭔가를 집으려고 할 때뿐만 아니라, 다른 사람이 물건을 집으려는 걸 봤을 때도 활성화된다. 다른 사람의 움직임을 거울에 비친 자신의 움직임을 보듯이 느끼고 활성화된다고 하여 '거울 뉴런'이라 부른다.

거울 뉴런이 특히 주목을 받는 건 이 세포가 다른 사람의 행동 의도나 목적을 이해하고 반응한다는 점 때문이다. 한 실험에서 원숭이에게 사람이 사과를 집는 모습을 보여주면서 다음 행동을 관찰하게 했더니, 사과를 접시에 담거나 먹는 행동이 이어지기도 전에 원숭이의 거울 뉴런이 반응을 보였다. 그리고 사람이 사과를 접시에 담을 때보다 입에 넣을 때 원숭이의 거울 뉴런은 더 활성화되었다. 즉, 거울 뉴런은 타인이 그 행동을 하는 배경까지도 읽고 있는 것이다. 어떤 의도로 그런 행동을 하는지를 읽어내고, 그 목적이나 의도에 따라 반응 방법을 달리한다.

예를 들어 가족이나 친구의 행동을 보며 '왠지 짜증이 난 것 같은데'라고 상대방의 기분을 눈치채는 경우가 있다. 또 다른 사람의 행동을 보고 '뭔가 좋은 일이 있나 보네'라고 생각할 때도 있고, '뭔가 꿍꿍이가 있는 것 같은데'라고 느낄 때도 있다. 이는 타인의 기분을 이해하는 공감으로 이어진다. 우리가 타인의 기쁨이나 슬픔을 이해하고 공감할 수 있는 까닭은 바로 거울 뉴런이 우리 뇌에 존재하며, 활발히 반응하기 때문이다.

운이 좋은 사람과 어울리는 것이 좋은 이유를 잘 알았을 것이다. 그러니 운이 좋은 사람과 가능한 한 함께 있으려고 하고, 그 사람의 행동을 유심히 관찰하자. 그러면 운이 좋은 사람과 똑같은 행동을 하고 있다는 듯이 거울 뉴런이 활성화된다. 그러다 보면 열심히 관찰한 행동이나 몸가짐이 자신의 것이 되어, 똑같은 행동 패턴을 갖게 될 것이다. 가치관

이나 사물을 보는 관점도 비슷해질 것이다. 그렇게 되면 성
공이다. 아마 '나도 운이 좋구나'라고 생각하게 될 것이다.
설령 그것이 착각이라 하더라도 상관없다. '나는 운이 좋다'
고 굳게 믿는 것이 바로 운을 향상시키는 출발점이기 때문
이다.

5 활동일주기에 맞춰
생활해야 하는 이유

성공한 사람 중에는 아침형 인간이 많다. 대체로 이들은 매일 새벽 4시에 일어나 가족들이 일어나기 전까지 3시간 동안 자신만의 시간을 가지거나, 늦어도 5시에는 일어나 6시에 출근을 하고 업무가 시작되는 9시 전까지 개인적인 업무를 마친다. 물론 밤에는 10시쯤 잠자리에 든다. 반면 밤늦게까지 죽어라 일하다가 늦잠을 자고 회사로 급히 달려와 아슬아슬하게 지각을 면하는 사람치고 성공했다는 소리를 들어본 적은 없다.

뇌과학적 관점에서 보면 이는 지극히 당연한 이야기다. 우리의 몸에는 수많은 신경전달물질이 존재하는데, 정확히 확인된 것만 총 25가지다. 그중에는 안정감이나 편안함 등 행복감을 느끼게 하는 것이 있는데, 세로토닌도 그렇다. 세로토닌은 심리적 균형을 맞춰 안정감을 유발하기 때문에 행복 호르몬이라고도 불린다. 운을 좋게 하기 위해 꼭 필요한 물질이라고 볼 수 있다. 그런데 불규칙적인 생활을 하면 세로토닌이 잘 분비되지 않는다. 일찍 자고 일찍 일어나는 규칙적인 생활을 하는 것이 중요한 이유는 바로 이러한 점 때문이다.

우리 신체는 밤이 되면 자연히 졸리고, 아침이 되면 눈이 떠지게 되어 있다. 체온은 아침에 다소 낮은 편이지만, 저녁이 될수록 서서히 상승한다. 그리고 아침이 되면 다시 내려간다. 이처럼 우리 몸에는 약 24시간을 주기로 하는 체내시계인 활동일주기circadian rhythm가 있다. 활동일주기에서 낮은 활동시간대, 밤은 수면시간대로 설정되어 있다. 수면과 각성의 변화, 체온의 변화와 함께 물질의 분비량이 주기적으로 변동하는 것도 인간의 활동일주기의 특징으로, 수면 중에는 멜라토닌melatonin이라는 물질의 분비량이 많아진다. 멜라토닌은 수면의 질을 높이고, 체내 활성산소를 분해하며, 항바이러스 작용을 강화하는 등 신체 면역과 노화 방지에 도움을 주는 중요한 호르몬이다. 이러한 멜라토닌은 뇌의 솔방울샘pineal gland에서 생성되는데, 이때 재료로 사용되는 것이 바로 세로토닌이다. 즉, 세로토닌이 제대로 분비되지 않으면 멜라토닌의 분비량도 줄어들게 된다.

세로토닌은 망막이 아침 자연광을 느끼면 분비된다. 그리고 세로토닌이 분비되기 시작한 후 15시간이 지나면 멜라토닌이 분비되기 시작한다. 즉, 세로토닌과 멜라토닌을 충분히 분비시키기 위해서는 우리 몸에 설정되어 있는 활동일주기에 맞춰 생활해야 한다. 그래서 아침에 일찍 일어나 햇볕을 충분히 쬐고, 저녁에는 일찍 잠자리에 드는 것이 중요하다.

한편 세로토닌은 트립토판tryptophan이라는 필수 아미노산으로 만들어진다. 필수 아미노산이란, 체내에서 생성되지 않아 반드시 음식물로 섭취해야 하는 아미노산을 말한다. 따라서 세로토닌을 만들기 위해서는 트립토판이 함유된 음식을 충분히 섭취해야 한다. 트립토판은 붉은 생선과 육류, 유제품 등에 함유되어 있다. 세로토닌의 합성에는 비타민 B_6도 필요하므로 마늘, 고추, 참깨 등 비타민 B_6가 함유된 식품을 함께 섭취하는 게 좋다. 또한 세로토닌은 욕조에 들어가 앉아 있을 때처럼 편안한 상태에서도 분비가 된다고 알려져 있다. 그리고 적당한 운동도 필수다.

다시 말하면 일찍 자고 일찍 일어나며, 적당히 운동을 하고, 목욕을 하여 피로를 푸는 것처럼 누구나 익히 알고 있는 규칙적인 생활이 세로토닌 분비를 촉진시킨다. 그러니 요즘 일이 잘 풀리지 않는다는 생각이 든다면 우선 생활리듬부터 규칙적으로 바꿔보자. 이것이 운을 좋게 하는 가장 빠른 지름길이다.

도파민을 분비시키는
자기 긍정

'그 사람도 나를 좋아한다면 얼마나 좋을
까! 그 사람과 사귈 수만 있다면 함께 영화도 보고, 여행도
가고, 멋진 레스토랑에서 식사도 할 수 있을 텐데!'

이처럼 마음에 두고 있는 사람과 사랑에 빠지는 상상을
해보자. 이 또한 운을 향상시키는 방법이다. 운을 향상시키
는 데 반드시 필요한 또 다른 신경전달물질이 있다. 바로 도
파민이다. 배가 고프면 밥을 먹고, 원하는 대학에 들어가기
위해 공부를 하는 것처럼 우리가 하는 행동의 이면에는 동
기가 있는데, 동기와 관련된 물질이 바로 도파민이다. 도파
민은 누군가에게 칭찬을 받거나 이득을 얻었을 때처럼 뇌가

기쁨을 느끼면 분비되며 우리에게 쾌감을 느끼게 한다. 즉, 도파민은 의욕이나 쾌감을 만들어내는 물질로 '삶의 의욕을 샘솟게 하는 호르몬'으로도 알려져 있다.

그렇다면 어떻게 해야 도파민이 분비될까? 가장 효율적인 방법은 행복한 연애를 하는 것이다. 누군가를 좋아하고 상대방도 나를 좋아해주면 심장이 두근거리게 되는데, 이러한 두근거림은 도파민이 분비되고 있다는 증거다.

하지만 연애란 혼자서 할 수 있는 게 아니며, 연애를 하더라도 늘 좋기만 한 건 아니다. 때론 상대와 다투기도 한다. 연애 기간 내내 두근거림이 유지되지도 않는다.

그래서 나는 기분 좋은 상상을 하라고 권한다. 짝사랑 중인 사람이 있다면 그 사람과 잘되었을 때의 일을 상상하는 것이다. 상대방이 배우나 가수 같은 연예인이어도 상관없다. 일단 심장이 두근거릴 만큼 기분 좋은 상상에 빠져보자. 물론 꼭 사랑에 빠지는 상상일 필요도 없다. 예를 들어 인기 있는 유명 개그맨 중에는 눈빛이 무척 강렬한 사람이 있다. 번뜩거리는 눈빛에서 그 사람만의 강렬한 카리스마를 엿볼 수 있는데, 이 사람은 아마 자신을 무척 사랑하고 있을 것이다. 방송 카메라 너머에 있는 수십만, 수백만 명의 시청자가 자신을 주목하고 있고, 자신의 개그를 보며 웃어주고 있다고 여기며 그런 자신이 꽤 대단하다고 생각하고 있을 것이다. 이런 상상은 도파민을 분비시켜 의욕을 더욱 샘솟게 하고, 그로 인해 개그가 한층 더 재미있어지는 선순환을 일으킨다. 이처럼 스스로를 대단하다고 여기는 상상을 하는 것도 좋다.

업무에서 좋은 성과를 거두어 직장 동료들에게 박수갈채를 받는 자신의 모습을 떠올려보면 어떨까? 또는 자신이 담당한 상품이 큰 인기를 끌어 매장 진열대에 줄줄이 놓여 있는 광경을 떠올려보는 것도 좋다. 이런 상상은 하는 것만으로도 기분이 좋아진다. 기분 좋은 상상은 돈이 들지 않는 데다 언제 어디서든 할 수 있다. 그리고 그 효과는 절대적이다.

　　　　　　　　　　　　　　　　　　　　운의 과학

7 타인을 돌보는 일은
자기 성장으로 이어진다

혹시 주변에 자신보다 연약한 존재가 있는가? 자식이나 손주는 물론이고 회사의 부하 직원이나 학교 후배, 아르바이트 후배 등 그 누구여도 상관없다. 만약 그런 존재가 있다면 그 사람을 애정 어린 마음으로 돌보길 바란다. 당신의 능력을 향상시키는 것은 물론이고 더 나아가 당신의 '운'을 향상시키는 데 도움이 될 것이다.

미국 버지니아주 랜돌프메이컨대학의 신경과학자 켈리 램버트Kelly Lambert와 리치먼드대학교의 크레이그 킨슬리Craig Kinsley는 출산 경험이 있는 쥐가 그렇지 않은 쥐에 비해 기억력과 학습능력이 높다는 연구 결과를 발표했다. 이들은 두 번의 출산과 육아를 경험한 엄마 쥐 그룹과 교미 경험이 없는 같은 연령의 암컷 쥐 그룹을 먹이를 숨겨둔 각기 다른 미로에 넣어 먹이를 찾게 하는 실험을 실시했다. 실험 결과 엄마 쥐가 교미 경험이 없는 암컷 쥐보다 짧은 시간 안에 먹이를 발견해냈다.

마모셋원숭이를 대상으로 동일한 실험을 했는데, 여기서도 좋은 성적을 올린 것은 엄마 마모셋원숭이였다. 즉, 애정을 갖고 아이를 키운 경험이 있는 쥐와 마모셋원숭이가 그렇지 않은 쥐와 마모셋원숭이에 비해 기억력과 학습능력이 뛰어났다.

이 실험 결과만 놓고 보면 자식을 직접 낳아 길러야만 기억력과 학습능력을 향상시킬 수 있는 것 같지만, 그렇지는 않다. 켈리 램버트와 크레이그 킨슬리는 다음과 같은 실험도 했다.

엄마 쥐와 미혼인 쥐(교미 경험이 없는 쥐) 그리고 보모 쥐를 각각 먹이를 숨겨둔 미로에 넣었다. 그리고 매번 같은 장소에 먹이를 숨겨, 그곳으로 가는 길을 기억하게 했다. 보모 쥐는 교미 경험은 없지만, 장시간 새끼 쥐와 함께 우리에 넣어 새끼 쥐와 익숙해지게 한 쥐였다(그중에는 새끼 쥐를 핥거나 털 고르기를 하며 엄마 같은 행동을 보였다). 이 실험에서 길을 가장 빨리 외운 것은 엄마 쥐였고, 그다음으로 성적이 좋았던 건 보모 쥐였다. 그리고 이 둘의 차이는 매우 근소했다.

아빠 마모셋원숭이와 독신인 수컷 마모셋원숭이를 대상으로도 시리얼을 숨겨둔 장소를 기억하게 하는 실험을 실시했다. 참고로 암컷 마모셋원숭이는 쌍둥이를 낳을 때가 많아서 수컷도 육아에 참여한다. 이 실험 결과 아빠 마모셋원숭이가 독신인 수컷보다 먹이의 장소를 기억하는 능력이 뛰어났다. 친엄마뿐만 아니라 보모 혹은 아빠도 애정을 갖고 아이를 키우면 기억력과 학습능력이 향상된다는 사실이 밝혀진 것이다.

이러한 쥐나 마모셋원숭이의 뇌에 과연 어떠한 변화가 일어난 것일까? 이에 대해 옥시토신oxytocin이라는 호르몬이 주목받고 있다. 옥시토신은 분만을 유도하고, 출산 후에는 모유의 분비를 촉진하는 작용을 한다. 또 감정이나 행동을 차분히 가라앉히고, 상호간의 신뢰 관계를 강화하며, 부부나 부모 자식 간의 유대를 형성하게 하는 것으로 알려져 있어 '사랑의 호르몬'이라고도 불린다.

오카야마대학교의 도미자와 가즈히토富澤一仁 조교수 연

구팀이 다음과 같은 실험을 했다. 임신 경험이 없는 쥐의 뇌에 옥시토신을 주사한 후 먹이를 감춘 미로에 넣었다. 이 미로에는 여덟 개의 길이 있는데, 그중 네 개의 길에 먹이를 숨겨두었다. 실험 결과, 먹이가 있는 길을 기억하는 능력은 옥시토신 주입량과 관계가 있었다. 또 임신 경험이 없는 쥐의 뇌에 옥시토신을 억제하는 약물을 주사한 뒤 동일한 미로에 넣었더니 쥐의 기억력이 저하되는 것으로 나타났다. 이러한 실험 결과를 바탕으로 옥시토신이 기억력과 학습능력을 향상시킨다는 사실을 확인할 수 있었다.

옥시토신은 여성에게 더욱 잘 분비되지만, 남성에게도 분비된다. 수컷 마모셋원숭이의 경우, 혼자 우리에 있던 수컷보다 아기 마모셋원숭이와 함께 있던 수컷이 옥시토신 분비량이 훨씬 많았다는 실험 결과도 있다.

이처럼 여러 실험 결과에서 알 수 있듯이 애정을 가지고 누군가를 돌보면 설령 그 대상이 친자식이 아니라 할지라도 옥시토신이 분비되고, 옥시토신으로 인해 기억력과 학습능력이 향상된다. 자식뿐만 아니라 부하 직원이나 후배 등을 애정 어린 마음으로 돌볼 때도 옥시토신은 분비된다고 여겨지고 있다.

이러한 사실을 증명하는 듯한 사례가 있다. 의류 기업 유니클로는 장애인 고용률이 높은 것으로 유명하다. 일본의 장애인 법정 고용률은 2%(우리나라는 2023년 기준으로 3.6%다-옮긴이)인데, 유니클로의 장애인 고용률은 최근 몇 년 동안 8% 전후로 추산된다. 유니클로가 이처럼 적극적으로 장애인 고용에 뛰어든 것은 2001년 3월부터이며, 이듬해에 6%의 고용률을 달성했다.

유니클로는 장애인을 직원으로 고용하기 시작하면서 서비스가 향상되었다는 말을 듣게 되었다. 유니클로 대표 야나이 다다시柳井正는 한 인터뷰에서 "장애를 가진 사람을 고용하면서 매장마다 다른 사람을 배려하고 함께 일하려는 분위기가 생겨난 것 같다"고 말했다.

서비스가 크게 향상되었다는 평가를 받은 매장에서는 아마도 점장이 솔선수범하여 장애인 직원을 애정 어린 마음으로 돌보았을 것이다. 그리고 이러한 태도가 거울 뉴런 작용으로 다른 직원들에게 영향을 주었을 것이 분명하다. 더불어 매장 직원 전체의 옥시토신 분비량도 향상되었을 것이다. 이러한 변화가 결과적으로는 서비스 향상으로 이어졌다고 추측된다.

자녀를 둔 엄마에게서 "아이를 키우며 오히려 내가 성장하는 것 같다"는 말을 종종 듣는다. 실제로 누군가를 보살피는 일은 자신을 보살피는 일로 이어진다. 누군가를 애정을 갖고 돌보면 자신도 함께 성장하게 된다.

8 적당한 스트레스는 뇌세포를 활성화시킨다

일부러 고난과 맞서는 것. 이 또한 행운을 불러들이는 방법 중 하나다.

위대한 업적을 세운 사람 중에도 과거에 힘든 일을 겪은 사람이 많다. 발명왕 에디슨Thomas Edison은 초등학생 시절에 선생님으로부터 "머리가 지독하게 나쁘다"는 말을 듣고 학교를 그만두었다. 일을 할 때도 생산성이 지나치게 떨어진다는 이유로 두 번이나 해고되었다. 또 특수 상대성이론을 완성한 아인슈타인Albert Einstein은 네 살 때까지 말을 하지 못했으며, 초등학교 고학년 때까지 말을 유창하게 하지 못했다고 한다. 고등학교도 중퇴했고 대학 입시에 떨어지기도

했다. 유명한 기업의 창업자들도 대부분 한 번씩은 고난을 겪었다. '역경을 딛고 일어선다'는 말처럼 이들이 역경과 고난을 헤쳐 나갔기에 오히려 행운을 얻은 게 아닐까 한다.

우리 뇌는 일정한 스트레스를 받을 때 시냅스synapse(뉴런(신경세포)의 접합부)를 생성하는 경향이 있다. 인간의 신체는 안전하고 안심할 수 있는 상태에 있을 때는 이를 유지하려고 하지만, 바이러스가 침투하면 이에 대항하기 위해 면역세포가 활성화된다. 이와 마찬가지로 뇌세포도 특별한 일 없이 평온할 때보다 일정한 스트레스를 받을 때 오히려 활성화된다. 이를 증명한 것이 '여키스-도슨 법칙Yerkes-Dodson law'이다.

심리학자 로버트 여키스Robert Yerkes와 존 도슨John Dodson은 쥐를 이용한 실험을 통해 스트레스를 적당히 받았을 때 최고의 학습 성과가 나며, 스트레스가 지나치게 높거나 낮으면 오히려 학습 성과가 떨어진다는 사실을 발견했다. 실험 내용은 이렇다. 쥐에게 흰색과 검은색을 구별하도록 훈련시킨 후 정답을 맞히지 못하면 전기 자극을 주었다. 실험 결과 적당한 전기 자극을 받았을 때 정답률이 가장 높았으며, 자극이 지나치게 약하거나 강하면 정답률이 떨어지는 것으로

운의 과학

나타났다. 이를 통해 스트레스 수준과 학습 행위 사이에 역 U자형 관계가 성립한다는 사실이 밝혀졌다. 즉, 인간은 무탈하고 안정적인 상태에 놓일 때보다 오히려 스트레스를 적당히 받을 때 더욱 힘을 발휘할 수 있다는 뜻이다.

예를 들어 언제 끝마치든 상관없는 일을 할 때보다 '내일 아침 9시까지' 같은 기한이 정해진 일을 할 때 집중력이 높아진다. 책임이 너무 막중한 대형 프로젝트를 맡으면 부담감에 짓눌리지만, 본인 역량에 맞는 일을 책임지게 되면 부담감이 아예 없지는 않더라도 그보다는 의욕이 더 샘솟는다.

물론 스트레스가 '적당한' 수준의 정도는 사람마다 다르다. 그러니 우선 자신에게 적절한 스트레스 수준을 파악하는 것이 중요하다. 과도한 부담감을 느끼는 상황에서는 아무리 노력한들 좋은 성과를 낼 수 없다. 무리한 상황에서 지나치게 애쓰다 보면 우울증에 걸리는 등 오히려 정서적 혼란을 겪을 수 있다. 따라서 어느 정도여야 '쉽지 않겠지만 열심히 하면 되겠지'라고 느껴질지 파악해야 한다.

참고로 인간은 자신이 견딜 수 있는 스트레스 수준을 점점 더 높일 수 있다. 예를 들어 오늘 2시간 공부에 집중했다면, 내일은 2시간 5분을 버텨보는 것이다. 또 모레는 2시간

10분 동안 공부해보자. 3일째에 '2시간 10분 이상은 무리다'라는 생각이 든다면, 4일째에도 2시간 10분만 공부한다. 며칠이 지나 2시간 10분 동안 수월하게 공부할 수 있게 되면, 그다음엔 2시간 15분에 도전해보자. 이런 식으로 다소 시간이 걸리더라도 조금씩 견뎌낼 수 있는 스트레스 수준을 높일 수 있다.

자신에게 적당한 스트레스 수준을 파악했다면, 무슨 일을 하든지 간에 '나에게는 조금 힘들 것 같은데'라고 느껴지는 상황에 맞서보자. 힘든 상황에 맞서면 뇌세포가 활성화되어 생각지도 못한 성과를 거둘 확률이 높아진다. 이는 결과적으로 운을 향상시킨다.

9   뇌는 왜 리스크가 있는 쪽을 선호할까?

인생은 선택의 연속이다. 어떠한 선택을 하느냐에 따라 인생이 크게 달라지는데, 그렇다면 선택의 기로에 섰을 때 어떻게 해야 할까? 나는 일부러 리스크가 있는 길을 선택하는 것도 좋은 방법이라고 생각한다. 우리 뇌는 안전한 길보다 위험한 길을 더욱 좋아하기 때문이다.

이 사실을 증명한 비둘기 실험이 있다. 실험의 내용은 이렇다. 바구니 A와 B에 비둘기를 한 마리씩 넣었다. 두 바구니에는 모두 먹이 스위치가 달려 있으며, 비둘기가 부리로 스위치를 누르면 먹이가 나오도록 되어 있다. 그런데 바구니 A는 스위치를 누르면 먹이가 100% 나오는 반면, 바구니

B는 가끔 먹이가 나오지 않는다. 이러한 상황에서 비둘기가 어떻게 반응하는지를 살펴본 결과, 바구니 A에 들어 있던 비둘기는 배가 고플 때만 스위치를 누른 반면, 바구니 B에 들어 있던 비둘기는 배고픔과 상관없이 몇 번이고 스위치를 눌렀다. 특히 스위치를 눌렀을 때 먹이가 나올 확률이 50%인 경우, 즉 두 번에 한 번꼴로 먹이가 나올 때 스위치를 가장 많이 눌렀다. 바구니 B에 들어 있던 비둘기는 스위치를 누르는 행위에 중독된 것이다.

원숭이를 대상으로도 비슷한 실험을 실시했다. 원숭이 앞에 서로 다르게 설정한 음료공급기 두 대를 놓았다. 음료공급기 A는 스위치를 누르면 반드시 주스 150㎖가 나오고, 음료공급기 B는 100㎖ 또는 200㎖의 주스가 나오도록 설정했다. 물론 원숭이가 그 양을 선택할 수는 없고, 100㎖와 200㎖ 중 어떤 양이 나올지는 알 수 없다. 이러한 상황이 되자 원숭이는 B의 스위치를 계속해서 누르는 경향을 보였다. B는 100㎖밖에 나오지 않을 때도 있지만, A보다 많은 200㎖가 나올 때도 있다. 리스크는 있지만, 운이 좋으면 더 많이 얻을 수 있는 것이다.

인간도 이와 비슷하다. 예를 들어 비슷하게 호감이 가는 이성이 둘 있다고 가정해보자. A씨도 좋고, B씨도 좋다. 그런데 A씨는 함께 식사를 하자고 청하면 100% 응해주고 함께 있을 때도 즐겁다. 반면 B씨는 두 번에 한 번 정도는 거절하지만, 일단 승낙하면 함께 있는 동안 이루 말할 수 없을 만큼 즐거운 시간을 보낼 수 있다. 이 경우 대체로 결국 B씨에게 마음이 더 기운다.

어떤 심리일지 알 것 같지 않은가? 사람은 잡아당겼을 때 쉽게 끌려오지 않는 사람에게 신경이 쓰이기 마련이다. '가끔씩 거절하는 이유는 무엇일까?', '혹시 사귀는 사람이 있는 것은 아닐까?'라는 생각을 하게 되고, '다음번에 또 거절당할지도 모르지만, 일단 한번 도전해보자'라는 마음이 드는 것이다.

비둘기나 원숭이와 마찬가지로 사람도 100% 안심할 수 있는 상태보다는 어느 정도 리스크를 부담해야 하는 선택지를 선호한다. 이는 인간의 뇌가 아무런 자극이 없는 상태보다 리스크가 있는 쪽을 선호하기 때문이다. 심리학에서 말하는 '강화학습reinforcement learning'을 스스로 응용하는 것이다. 리스크가 어느 정도 있는 편이 그렇지 않을 때보다 뇌의 보상계를 활성화시킨다.

그러므로 무엇인가를 선택할 때 어느 쪽을 고를지 망설여진다면 일부러 어느 정도 리스크가 있는 쪽을 택해보자. 안심할 수 있는 길보다 조금 위험한 모험을 선택해보자. 그 일에 흠뻑 빠져들게 될 뿐만 아니라 뇌에 좋은 자극을 주어 결과적으로 성공할 확률이 높아질 것이다.

타인을 위한 행동이
좋은 운을 부른다

THE SCIENCE OF LUCK

1 전두엽 크기에
감춰진 비밀

    나는 이런 사람이 되고 싶다. 자신만 괜찮으면 된다고 생각하지 않고 타인을 돌아볼 줄 아는 사람, 중요한 순간뿐만 아니라 일상에서 벌어지는 사소한 일에서조차 타인을 챙길 줄 아는 사람 말이다.

    예를 들면 이런 사람일 것이다. 퇴근길 붐비는 지하철 안에서 내내 서서 가던 도중에 앞에 앉은 사람이 일어나면 그 자리에 바로 덥석 앉기보다 먼저 주위에 고령자나 임산부가 없는지 살필 줄 아는 사람, 비 오는 날 좁은 골목길에서 다른 사람과 스쳐지나갈 때 상대방이 자신의 우산에 부딪히거나 우산에서 떨어지는 빗방울을 맞지 않도록 우산을 살며시 기울일 줄 아는 사람, 업무 중에 문제가 발생했을 때 '내가 할 수 있는 건 다 했다'며 자기방어에 급급하기보다는 '혹시 내가 실수한 게 없을까? 내가 더 할 수 있는 일이 있지 않았을까?'라고 생각하는 사람.

그런데 이렇게 자신보다 남을 먼저 배려하고 챙기는 사람이 실제로 운도 좋다. 이는 생물의 역사를 통해서도 확인할 수 있는 사실이다.

우리 현생인류(호모 사피엔스)의 아종亞種 중 하나로 네안데르탈인이 있다. 네안데르탈인은 지금으로부터 약 20만 년 전부터 3만 년 전까지 유럽과 중동아시아에 살았다. 그런데 왜 멸종했을까? 그 수수께끼는 아직 명확히 밝혀지지 않았지만, 현생인류의 한 갈래인 크로마뇽인의 공격을 받아 멸종된 것으로 추측된다.

네안데르탈인과 현생인류의 남성의 뇌 크기를 비교해보면 네안데르탈인의 평균 뇌 용적은 1,500cc인 데 반해 우리 현생인류는 1,400cc로 네안데르탈인이 조금 더 크다. 바로 이러한 점 때문에 불과 얼마 전까지만 해도 뇌가 비교적 작은 현생인류가 살아남을 수 있었던 이유가 네안데르탈인보다 공격성이 뛰어났기 때문이라는 설이 유력했다.

운의 과학

그런데 최근에 이에 대한 해석이 바뀌고 있다. 뇌의 전체 크기는 네안데르탈인이 현생인류보다 크지만, 전두엽 부분은 현생인류가 훨씬 크다는 사실이 밝혀진 것이다. 전두엽은 인간의 언어활동, 운동, 정신활동 등을 담당하는 부위로, 전두엽 중에서도 특히 전두연합령前頭聯合領은 사고나 창조를 담당하는 중요한 부분이다. 즉, 미래에 대한 통찰, 이를 바탕으로 한 계획 설정 그리고 이타利他의 개념과 사회성 등 인간적인 사고를 담당한다. 그래서 현생인류가 살아남은 이유는 네안데르탈인보다 사회성이 뛰어났기 때문이라는 견해가 힘을 얻고 있다.

남성 혼자 살아남는 일은 연약한 여성이나 아이가 포함된 공동체가 살아남는 일보다 훨씬 간단하다. 남성의 경우 자신에게 필요한 식량만 확보할 수 있다면 늑대와 같은 적으로부터 도망쳐 얼마든지 살아남을 수 있을 것이다. 그러나 종족 번식을 위해서는 연약한 여성과 아이도 지켜야 한다. 공동체로서 살아남아야만 하는 것이다. 따라서 함께 살아남으려고 노력하는 사회성이 무엇보다 중요했다. 네안데르탈인은 이러한 사회성을 갖추지 못했기에 진화의 싸움에서 지고 말았다.

네안데르탈인과 현생인류의 뇌의 차이점은 우리에게 생존의 비결을 말해준다. 생존의 비결은 타인을 배려하는 것이다. 자신만 잘 살면 된다는 생각을 버리고, 서로를 배려하며 다 함께 협력하여 살아남으려고 노력하는 사회성을 가져야 한다.

운의 과학

2 가장 좋은 것보다
적당히 좋은 것이 더 낫다

생존에는 타인을 배려하는 사회성이 필요하지만, 그것만으로는 부족하다. 예를 들어 기업의 경우 그 활동이 사회에 보탬이 되어야 하는 것은 분명한 사실이지만, 자사의 이익을 도외시하고 오직 사회를 위해 일하다가는 도산해버리고 말 것이다. 자신은 아무것도 먹지 않으면서 다른 사람에게 식량을 나누어주면 끝내 병에 걸려 쓰러지고 만다. 그러니 생존을 위해서는 우선 자신이 생존을 위한 싸움에서 이겨야만 한다. 그것도 끊임없이 말이다.

그렇다면 어떻게 해야 타인에 대한 배려를 잊지 않으면서도 자신의 생존 싸움에서 이길 수 있을까? 그 비결은 혼자

서만 계속 이기려 들지 않는 것이다. 살아남기 위해서는 당연히 환경에 적응해야 한다. 그러나 과도한 적응, 즉 '과잉 적응'은 오히려 멸종 위기를 초래할 수 있다. '가장 좋은 것보다는 지금보다 조금 더 좋은 것이 낫다better is better than best' 는 말이 있다. 최상의 전략을 취하면 일시적으로는 이길 수 있지만, 장기적인 관점에서 봤을 때는 실패할 가능성이 더 크므로, 가장 좋은 길이 아닌 조금 더 나은 길을 선택해야 한다는 뜻이다.

아프리카 검정코뿔소를 예로 들어보자. 검정코뿔소는 개체의 능력만 따진다면 최강의 종이라 해도 과언이 아닐 만큼 포악하고 공격적이며, 몸집이 거대함에도 이동 속도가 매우 빨라 싸움이나 경쟁에 강하다. 그러나 천하무적일 것 같았던 검정코뿔소는 환경이 한 차례 급격히 변화하자 단숨에 멸종위기종으로 전락하고 말았다.

검정코뿔소는 싸우는 능력이 뛰어나기에 성체가 되면 생존 경쟁에서 목숨을 잃을 위험이 거의 없다. 이러한 조건에서는 새끼를 적게 낳되 새끼들이 모두 강인한 성체로 자랄 수 있도록 잘 돌보는 것이 가장 좋은 생존 전략이라 할 수 있다. 새끼를 많이 낳는 편이 유리할 것이라고 생각하는

운의 과학

사람도 있겠지만, 새끼를 많이 낳으면 그만큼 어미의 부담이 증가해 출산 후 엄마 코뿔소는 쉽게 적의 습격을 받게 된다. 게다가 엄마 코뿔소가 체력과 시간, 노력을 들여 새끼를 낳더라도 부모 코뿔소가 일일이 보살피지 못할 만큼 새끼가 늘어나면 성체가 채 되지 않은 아기 코뿔소가 사자나 하이에나 같은 적에게 가장 먼저 공격을 받아 생명을 잃을 수 있다.

그래서 검정코뿔소는 약육강식의 논리가 지배하는 아프리카에서 소수정예로 새끼를 키우는 전략을 써 생존해왔다. 그런데 이 선택이 도리어 화를 불러왔다. 검정코뿔소는 개체의 능력이 매우 뛰어나서인지 무리를 형성하지 않았다. 게다가 새끼도 적게 낳았다. 이는 얼핏 최상의 전략처럼 보였으나 실제로는 과잉 적응이라 할 만큼 위험한 상태였다.

검정코뿔소를 멸종위기종으로 전락시킨 환경의 변화는 인간의 출현이었다. 인간의 출현은 검정코뿔소에게 천적이 나타났다고 할 만한 수준의 사건이 아니라, 그야말로 천재지변에 가까운 대참사였다. 자연에서는 천적이 출현해도 시간을 들여 그 새로운 조건에 적응해가면 되는데, 인간은 검정코뿔소에게 적응할 여유조차 주지 않았다. 인간은 자연의 적응력을 뛰어넘는 엄청난 속도로 검정코뿔소가 살아가는 환경을 파괴하기 시작했다. 갑자기 지구에 떨어진 거대한 운석처럼 말이다. 상황이 이렇게 되자 과잉 적응 상태였던 검정코뿔소는 환경의 급격한 변화를 견디지 못하고 순식간에 멸종위기종으로 전락해버렸다.

이처럼 새로운 환경에도 적응하며 살아남기 위해서는, 현재 자신이 처한 환경에만 가장 잘 적응할 수 있는 전략을 취해서는 안 된다. 환경이란 언제든 변할 수 있으니 그 여지를 남겨두어야 한다. 특정 조건하에서 홀로 승승장구하는 존재는 그 조건이 변할 경우 이에 적응하지 못하고 순식간에 위험한 상태에 놓이게 된다.

인간 사회도 이와 비슷하지 않을까? 어느 시대에나 권력과 시장을 독식하며 정점에 선 국가나 기업은 멸망하기 마련이었다. 혼자서만 이기려 들면 꾸준히 승리할 수 없다. 그러므로 혼자서 승리를 독식하려 들지 말자. 나 혼자만 살아남을 수 있다면 다른 이들이 전멸하든 말든 상관없다는 생각을 버리고, 주위 사람과 함께 살아남을 방법을 선택해야한다. 주위 사람과 원만하게 공존할 수 있는 길을 찾아야만 결과적으로 더 오래 살아남을 수 있다.

3 품위 있는
보복전략

언제 어디서나 늘 품위 있게 행동하려 노력하자. 이러한 마음가짐은 때때로 결정적인 순간에 큰 효과를 발휘한다. 그러니 일상생활에서 하는 사소한 행동 하나하나 신경 써서 품위를 유지하려고 노력해보자. 문은 소리 나지 않게 살며시 여닫고, 가게에서 계산할 때 돈을 공손히 건네고, 운전 중 경적을 울려야 하는 순간에도 여러 번 반복해서 누르지 말고, 친한 사람과 이야기할 때도 항상 예의를 갖추자.

이렇게 해야 하는 이유는 무엇일까? 품위 있는 행동이 곧잘 좋은 결과로 이어지기 때문이다. 이를 증명한 예가 게임 이론theory of games 중 하나인 보복전략tit-for-tat strategy이다.

우선 게임 이론에 대해 살펴보자. 게임 이론이란, 가격 경쟁과 협상 등에 복수의 당사자(의사결정자)가 참여하는 상황(게임)에서 각 당사자가 자신의 이익이나 효용을 위해 어떠한 행동을 취해야 하는지를 수리적으로 분석한 것으로, 20세기 초에 수학자 존 폰 노이만John von Neumann과 경제학자 오스카 모르겐슈테른Oskar Morgenstern이 기틀을 마련했다. 오늘날에는 정책 결정이나 비즈니스 현장에서 최선의 선택을 하기 위한 지침을 도출하는 과정 등에 응용되고 있다.

예를 들어 상품을 매입하는 A사와 상품을 납품하는 B사가 가격 협상을 한다고 가정해보자. 기본적으로 A사는 가능한 한 상품을 싼 가격에 매입하고 싶어 하고, B사는 가능한 한 비싼 가격에 납품하고 싶어 할 것이다. 만약 일회성 거래에 그친다면 A사는 최저 가격을, B사는 최고 가격을 부르려 할 것이 분명하다. 그러나 향후에도 거래가 계속 이어지길 바란다면 자사의 이익만 극대화하는 이 방식은 당연히 최선이 아니다. A사와 B사의 관계나 상황을 고려할 때 상호 이익을 추구할 수 있는 균형적인 가격이 분명히 존재한다. 게임 이론은 이를 수식을 통해 산출한 것이다.

보복전략은 이러한 게임 이론 중 하나로, 게임을 실시할 때 기본적으로 상대방과 협조 노선을 취하면서 상대방이 배신했을 때는 철저히 되갚아주되, 만약 상대방이 다시 협조 태세로 돌아오면 곧바로 협조하는 식으로 상호 이익을 극대화시키는 방법이다.

가령 두 사람이 가위바위보로 점수 경쟁을 한다고 치자. 다만 낼 수 있는 것은 바위와 보뿐이다. 자신과 상대방이 내는 바위와 보의 조합에 따라 다음과 같이 얻을 수 있는 점수 (괄호 안)가 정해져 있다.

[패턴 1] 바위(2점) 대 바위(2점)

[패턴 2] 바위(0점) 대 보(3점)

[패턴 3] 보(3점) 대 바위(0점)

[패턴 4] 보(1점) 대 보(1점)

이 경우 단순히 이기고 싶다면 계속해서 보를 내는 것이 좋다. 그러나 두 사람 모두 높은 점수를 따고 싶다면 이는 그리 좋은 방법이 아니다. 그러므로 두 사람은 협조 노선을 취한다. 이 게임에서 협조 노선은 처음에 바위를 내는 것이다.

게임이 시작되면 우선 바위를 낸다. 상대방이 계속 바위를 내는 한 자신도 계속 바위를 낸다. 그러다가 상대방이 보를 내면 그다음부터 자신도 보를 내기 시작한다. 상대방이 계속 보를 내는 한 자신도 보를 내다가 상대방이 다시 바위를 내기 시작하면 자신도 따라서 다시 바위를 낸다. 이 방법을 써야 둘 다 가장 높은 점수를 얻을 수 있다.

즉, 선제공격을 하지 않고, 상대방을 한 걸음 뒤에서 쫓아가는 것이다. 비열하게 싸움을 거는 것이 아니라, 사회성을 갖춘 품위 있는 방식을 택하는 것이다. 이러한 방법이 결과적으로는 상호 이익으로 이어진다.

우리의 일상에도 이러한 방식을 충분히 응용할 수 있다. 예를 들어 부하 직원에게 일을 부탁하거나 상사에게 휴가신청서를 제출할 때, 남편에게 가사를 분담하자고 제안하거나 이웃집에 소음 문제를 항의하러 갈 때 이를 응용해보자. 자신에게 유리해지도록 먼저 공격하는 것이 아니라 사회성을 갖춘 품위 있는 행동을 취해 결과적으로 상호간의 이익을 꾀하는 것이다. 갑자기 이웃집 사람이 찾아와 "시끄럽다니까!"라고 소리를 질러대면 듣는 사람도 순간적으로 화가 날 수밖에 없다. 그러나 "죄송하지만, 소리가 좀 큰 것 같아요"

라고 공손히 말하면 상대방도 귀를 기울이게 된다. 거칠고 난폭한 행동보다 품위 있는 행동이 타인의 마음을 움직이는 법이다.

4 뇌는 공생을 지향하는 방향으로 발전해왔다

당신에게는 라이벌이라 부를 만한 동료가 있는가? 만약 있다면 당신은 진심으로 그 동료가 성장하기를 바랄 수 있을까? 만일 그 동료가 같은 직위를 놓고 승진 경쟁을 벌이거나 같은 팀의 주전 자리를 노린다면 혹은 같은 사람을 좋아하는 상황이라면 그 동료의 성장을 진심으로 바라기는 어려울 것이다. 솔직한 심정으로는 상대방이 지길 바랄 것이다. 그러나 이러한 속마음은 고이 접어서 어딘가에 버려버리고, 동료의 성장을 진심으로 기원해보자. 그것이 당신의 성공으로 이어질 테니 말이다.

인간의 뇌는 원래 공생共生을 좋아한다. 인간은 약 2만

5,000년 전 지구상에 출현한 이래 줄곧 다른 동식물과 함께 살아왔다. 최근 수백 년 사이에 인간의 이기심 때문에 서식 환경을 위협받아 멸종에 처한 동식물도 적지 않으나, 오랜 인류의 역사를 살펴보면 인간은 대체로 다른 동식물과 환경을 적절히 공유하며 공생해왔다. 바꿔 말하면 인간은 다른 동식물과 공생함으로써 이제껏 살아남은 것이다.

미국의 정신의학자 폴 매클린Paul MacLean이 주장한 '삼중 뇌triune brain(혹은 삼위일체 뇌)'라는 이론이 있다. 인간의 뇌는 행동양식의 변화와 함께 진화해왔다는 내용이다. 폴 매클린은 뇌를 세 가지 영역, 즉 파충류의 뇌, 원시 포유류의 뇌, 신생 포유류의 뇌로 분류했다. 각 영역의 기능은 다음과 같다.

- **파충류의 뇌**: 뇌간brainstem, 시상의 일부, 선조체striatum 등으로 이루어져 있다. 호흡, 심박 수, 체온 조절, 반사행동, 감각 정보 처리 등 생명 유지에 필요한 기본적인 기능을 담당한다.
- **원시 포유류의 뇌**: 편도체amygdala, 시상하부, 해마 등 대뇌 변연계로 이루어져 있다. 기억과 학습, 공포심, 불안, 쾌락, 투쟁 도피 반응 등을 담당한다.

- **신생 포유류의 뇌**: 대뇌 신피질^{neocortex} 부분으로 사고, 언어, 적응성, 계획성 등을 담당한다.

폴 매클린은 인간의 뇌가 '파충류의 뇌→원시 포유류의 뇌→신생 포유류의 뇌'의 순서대로 진화해왔다는 가설을 세웠다. 간단히 말하면 가장 오래된 파충류의 뇌는 개인이 살아가는 데 필요한 뇌이고, 원시 포유류의 뇌는 개인의 생명 유지에서 한 걸음 더 나아가 종의 보존을 위해 작용하는 뇌이며, 마지막으로 신생 포유류의 뇌는 가장 인간적인 뇌로, 사회적 관계를 원활하게 하는 뇌, 이른바 공생을 지향하는 뇌라는 것이다.

인간의 뇌는 자신의 생명을 지키는 것에서 시작해 타인과의 공생을 위한 방향으로 진화해왔다고 할 수 있다. 즉, 싸움에서 누군가를 밀어낼 때보다 공생을 지향할 때 뇌가 더욱 큰 성과를 낼 수 있다는 뜻이다. 그러니 당신의 라이벌이 성장하기를 기원하자. 만약 라이벌이 같은 스포츠 상대팀 선수라면 상대방이 최상의 플레이를 보여주길 바라자. 그리고 자신 또한 최상의 플레이로 도전하자. 상대방이 같은 대학이나 회사를 목표로 하고 있다면, 함께 싸우는 동지이자

라이벌로서 둘 다 합격하기를 바라자. 같은 사람을 마음에 품고 있을 때는 상대방의 성공을 바라기가 조금 어려울 수도 있다. 이럴 때는 관점을 조금 달리하여 마음속에 두고 있는 상대와 라이벌 그리고 자신까지 세 사람 모두 가장 좋은 방향으로 나아갈 수 있기를 바라보자. 자신만의 행복을 바랄 때보다 세 사람의 행복을 기원할 때 뇌가 더 큰 힘을 발휘할 것이다.

5 이타적인 행동이
뇌에 끼치는 영향

      당신은 얼마만큼 타인을 위해 살아갈 수 있는가? 자신의 이익은 뒷전으로 하고 타인에게 이익이 될 수 있는 행동, 이른바 이타적인 행동을 얼마나 할 수 있는가?

  이타적인 행동은 중요하며, 그 사람의 운도 크게 좌우한다. 이타적인 행동을 할수록 뇌에 좋은 일이 더 많이 일어나기 때문이다. 일단 뇌의 보상계가 자극을 받는다. 타인을 위해 어떠한 행동을 했을 때 "정말 장하네", "이런 훌륭한 사람이 있다니"라는 식으로 칭찬을 받거나 좋은 평가를 듣게 되는데, 우리 뇌는 이러한 평가와 칭찬에 큰 기쁨을 느낀다. 이는 과학적으로 밝혀진 사실이다.

아이치현 오카자키시에 위치한 자연과학연구기구 생리학연구소의 사다토 노리히로定藤規弘 교수가 이끄는 연구팀은 평균 연령 21세의 남녀 19명을 대상으로 칭찬이 뇌에 어떤 영향을 주는지 실험했다. 카드게임에서 이겨 상금을 획득했을 때와 칭찬의 말을 소형 표시 장치에 입력해 보여주었을 때 나타나는 뇌의 혈액 변화를 자기공명영상MRI 장치를 이용해 조사한 것이다. 두 경우 모두 쾌감 생성에 관여하는 뇌 내 신경회로(보상계)의 일부인 선조체가 활성화되었다. 즉, 뇌는 칭찬을 보상으로 받아들였다. 보상계가 자극을 받으면 자연살생세포가 활발해져 신체에도 좋은 영향을 끼친다는 사실은 이미 여러 실험과 연구를 통해 밝혀졌다.

물론 이타적인 행동을 한다고 해서 항상 타인의 칭찬이나 좋은 평가가 따르는 것은 아니다. 또한 남몰래 이타적인 행동을 할 때도 많다. 그러나 자신의 이타적인 행동을 설령 아무도 보지 못하더라도 자기 자신은 똑똑히 지켜보고 있다.

우리 뇌에는 자신의 행동을 평가하는 내측 전전두엽 medial prefrontal cortex이라는 부위가 있다. 이 부위가 '잘했어!', '굉장해!'라고 자신의 행위를 평가하면 설령 타인으로부터 칭찬받지 못하더라도 큰 쾌감을 얻게 된다. 또 자신의 이타적인 행동이 상대방을 기쁘게 해주었을 때를 생각해보자. 자원봉사 경험이 있는 사람에게 "자원봉사를 해서 가장 좋았다고 느낀 적은 언제인가?"라고 물으면 대체로 "상대방이 기뻐해주었을 때", "고맙다는 말을 들었을 때"라고 답한다. 이는 앞서 이야기했던 거울 뉴런 작용으로, 상대방의 기쁨을 자신의 기쁨처럼 느끼기 때문이다. 즉, 이타적인 행동을 하고, 그 덕분에 자신이 좋은 평가를 받는 데다 상대방이 기뻐해줄 때는 한순간에 몇 배의 기쁨을 느낄 수 있다.

교토대학교의 후지이 사토시藤井聡 교수는 그의 저서 《왜 정직한 사람이 이득을 보는가なぜ正直者は得をするのか》에서 "타인을 배려할 줄 아는 사람은 운이 좋다"고 밝혔다. 후지이 교수는 마음속으로 어디에 초점을 맞추느냐에 따라 인간을 분류하는 심리학적 연구를 실시했다. 그리고 배려 범위가 넓은 사람일수록 운이 좋다는 결론을 도출했다. 여기서 말하는 배려 범위란, 현재의 자신을 원점으로 삼고 인간관계와 시간을 두 축으로 본 것이다.

인간관계에서는 사회적·심리적 거리가 가까운 사람과 먼 사람이 있다. 가족이나 연인은 이 거리가 가장 가까운 사람이라고 말할 수 있다. 그다음으로 친한 친구→직장 동료

운의 과학

혹은 같은 반 친구→아는 사람→타인 순으로 거리가 점점 멀어진다.

배려 범위에서 말하는 시간이란, 자신이 생각하는 미래의 시간이다. 우리는 오늘뿐만 아니라 다음 주 혹은 몇 년 뒤 등 자신의 앞날에 대해 생각한다. 또한 자신의 부모나 자식의 장래까지도 생각한다. 더 나아가 사회 전체의 미래에 대해 진지하게 고민하는 사람도 있다.

후지이 교수는 이러한 인간관계와 시간에 대해 인간이 얼마만큼 폭넓게 배려할 수 있는지 그리고 그 범위에 따라 그 사람의 운이 어떻게 달라지는지에 주목했다. 자신만을 생각하고 눈앞의 이익에만 관심을 나타내는 사람은 배려 범위가 좁은 사람이다. 반면 자신뿐만 아니라 가족이나 친구 그리고 타인이나 사회 전체의 미래까지 생각할 줄 아는 사람은 배려 범위가 넓은 사람이다. 연구 결과, 배려 범위가 좁은 사람은 어느 정도까지는 효율적인 성과를 올리지만, 눈앞의 일에 사로잡혀 협력적인 인간관계를 구축하지 못하는 탓에 인생 전체를 놓고 봤을 때는 행복감을 느끼지 못하고 많은 것을 잃는다고 밝혀졌다. 반대로 배려 범위가 넓고 이타적인 삶을 지향하는 사람은 좋은 인간관계를 지속적으로 구축하여 주변에 탄탄한 네트워크를 형성하며, 이것이 좋은 운을 불러들였다.

그러니 운을 좋게 하고 싶다면 자신만 생각하지 말고, 가족이나 친구를 배려하자. 직장에서는 동료나 부하 직원, 상사에게 신경을 쓰고, 동네에서는 이웃 사람이나 자주 들르는 슈퍼마켓과 편의점 직원에게도 배려심을 보이자. 더 나아가 같은 도시나 나라에 사는 낯선 이들, 이 세상에 사는 모든 이를 배려하고 그들의 미래까지 마음을 쓰자. 이러한 마음이라면 분명 운이 좋아질 것이다.

6   뇌는 칭찬을
          좋아한다

운 좋은 사람은 타인을 칭찬하는 일에 능숙하다. 단순한 칭찬의 말에 그치지 않고, 타인의 장점을 솔직하게 말한다. 또한 '대단하다', '정말 멋있다'는 생각이 들면 곧바로 당사자에게 이야기한다.

가령 친구가 입고 있는 옷이 멋있어 보이면 그 자리에서 "옷 진짜 근사하다"라고 말한다. 친구의 아이디어가 마음에 들면 "그런 생각을 할 수 있다니 정말 대단해"라고 칭찬을 아끼지 않는다. 타인을 솔직하고 올바르게 칭찬할 줄 아는 사람은 다른 사람으로부터 호감을 얻기 마련이다.

월리스 심프슨Wallis Simpson이라는 미국 여성을 아는가? 그녀는 영국 국왕 에드워드 8세Edward VIII와 세기의 사랑에 빠진 여성으로 순식간에 유명해졌다. 월리스 심프슨과 에드워드 8세는 결혼하고 싶어 했다. 그러나 그녀에게 이혼한 전력이 있다는 점과 두 사람이 사귀기 시작했을 때 그녀가 아직 다른 사람의 부인이었다는 점 등을 이유로 영국 왕실은 물론이고 총리와 대다수의 영국 국민이 그들의 결혼을 반대했다. 에드워드 8세는 국왕의 자리와 월리스 심프슨과의 결혼 중 어느 한쪽을 택해야만 하는 상황이 되었고, 결국 국왕의 자리에서 물러났다. 이 일은 당시 20세기 최대 스캔들로 불렸으며, 세계 곳곳에서 톱뉴스로 보도되었다.

에드워드 8세가 국왕의 자리를 버리면서까지 일생을 함께 보내고 싶어 한 월리스 심프슨이라는 여성의 매력은 과연 무엇이었을까? 일설에 의하면 그녀는 예사롭지 않을 만큼 다른 사람을 칭찬하는 데 뛰어났다고 한다. 이는 어디까지나 나의 상상이지만, 에드워드 8세는 월리스 심프슨이 건네는 칭찬의 말을 듣고 비로소 한 인간으로서 인정받았다고 느낀 것이 아니었을까?

국왕에 즉위한 후에는 물론이고 국왕이 되기 전부터 가족과 주위 사람들은 왕위 계승 서열 1위라는 신분으로 태어

운의 과학

난 그를 당연히 (미래의) 국왕으로 대했을 것이다. 그러나 국왕이기 전에 그 역시 한 인간이었고, 당연히 그 자체로 보이고 싶었을 것이다. 그런 그를 월리스 심프슨은 국왕으로 보지 않고, 있는 그대로 사랑해준 유일한 사람이 아니었을까? 그리고 이러한 마음에서 비롯된 칭찬은 그의 마음을 사로잡았을 것이다.

월리스 심프슨의 예는 다소 극단적이긴 하지만, 자신을 칭찬해주는 사람을 나쁘게 생각하는 사람은 아무도 없다. 오히려 호감을 갖게 된다. 그렇다면 어째서 사람은 누군가에게 칭찬을 받으면 그 사람에게 호감을 느끼는 것일까? 인간의 뇌가 누군가에게 칭찬을 듣거나 좋은 평가를 받는 사회적 보상을 좋아하기 때문이다.

이러한 사실을 증명하는 '독재자 게임dictator game'이라는 실험이 있다. 두 사람이 한 조가 된 후 어느 한쪽을 독재자로 정한다. 그리고 독재자에게 10만 원을 건넨 다음 "10만 원을 상대방과 나눠 가지되, 어떻게 나눌지는 본인이 혼자 결정하라. 상대는 주어진 몫에 대해 변경 요청을 하거나 거절할 권리가 없다"고 말해준다. 만약 당신이 독재자가 되었다면 10만 원을 어떻게 나눠 가질 것인가?

실험 결과 사람들은 대부분 5 대 5에 가까운 비율로 돈을 나눴다. 각각 5만 원씩 나눠 갖거나 혹은 자신이 6만 원을 갖고 상대방에게 4만 원을 주거나, 자신이 4만 원을 갖고 상대에게 6만 원을 주는 식이었다. 자신만 큰 이득을 얻도록 돈을 나눈 사람은 거의 없었다.

대부분의 사람은 더욱 많은 금액을 가지는 것보다 '저 사람은 구두쇠가 아니야', '저 사람은 착한 사람이야'라는 평가를 받는 쪽을 선택했다. 금전적 보상보다 사회적 보상을 택한 것이다.

타인을 솔직하게 칭찬할 줄 아는 사람은 상대방에게 사회적 보상을 건네고 있는 셈이 되며, 당연히 상대방의 호감을 얻게 된다. 그러니 타인을 더욱 칭찬하자. '대단하다', '멋있다'는 생각이 들었을 때는 이러한 마음을 솔직하게 전달하자. 마음속으로만 생각하고 있어서는 안 된다. 직접 말로 전하는 것이 중요하다.

7 타인의 단점에 너그러워진다

타인을 칭찬하는 것이 좋다고 해서 무턱대고 칭찬하다 보면 오히려 역효과를 불러일으킬 수 있다. 그러니 다른 사람을 칭찬할 때 다음의 몇 가지를 주의하자.

첫째, 올바르게 칭찬해야 한다. 칭찬을 듣고 기쁜 마음이 들려면 본인도 어느 정도 수긍이 가는 점을 칭찬받아야 한다. 가령 전혀 세심한 성격이 아닌 데다 오히려 꼼꼼하지 못한 점을 자신의 단점으로 여기는 사람에게는 "참 섬세하시네요"라는 칭찬이 당연히 와닿지 않을 것이다. 오히려 '나는 전혀 그렇지 않은데'라는 생각이 들기 마련이다.

사람은 누군가에게 칭찬을 들으면 뇌의 보상계라는 부

분이 자극을 받아 '기분 좋다'고 느끼게 되지만, 스스로 '그렇지 않은데'라고 생각하는 점을 칭찬받으면 아무런 자극도 받지 못한다.

둘째, 겉핥기식의 가벼운 칭찬은 하지 말아야 한다. 예를 들어 나는 도쿄대학교를 졸업했는데, 이 사실을 말하면 곧바로 "머리가 좋으신가 봐요"라고 칭찬해주는 사람이 있다. 하지만 그런 말은 들어도 그리 기쁘지 않다. 오히려 나를 제대로 봐주지 않고 단지 학력만으로 평가하는 기분이 들어 마음이 불편해진다.

셋째, 칭찬을 할 때는 그 밖의 단점에 너그러워야 한다. 아동심리 실험 중에 다음과 같은 것이 있다. 초등학생 여러 명을 모아 A, B 두 그룹으로 나누고, 각각의 그룹에 '선생님'을 붙인다. 그리고 두 그룹에 공부를 잘하는 학생 C와 E, 공부를 매우 못하는 학생 D와 F를 각각 한 명씩 넣는다. A그룹의 선생님은 공부를 잘하는 C에게 "어쩜 그렇게 잘하니?", "대단하다"라고 적극적으로 칭찬하는 반면, 공부를 매우 못하는 D에게는 "왜 이렇게 간단한 문제도 못 푸니?", "넌 정말 안 되겠구나"라는 식으로 꾸짖는다.

반면 B그룹의 선생님은 공부를 잘하는 E에게는 A그룹의 선생님과 마찬가지로 "정말 잘하네", "대단하다"라는 식으로 칭찬하고, 공부를 못하는 F에게도 "산수는 서툴지 몰라도 곤충에 대해서는 정말 잘 아는구나", "그림을 잘 그리네"라는 식으로 F만이 가진 장점을 찾아 칭찬한다.

이 경우 C와 E는 비슷하게 칭찬을 받지만, 기쁨을 더욱 크게 느끼는 쪽은 E다. C는 칭찬받은 것이 기쁘기는 하지만, 한편으로는 '만약 공부를 못하게 되면 나도 혼나겠지? 선생님이 나의 다른 단점을 발견하시면 분명 혼날 거야'라며 긴장하게 된다. 반면 E는 '만약 공부를 못해도 다른 부분에서 인정받을 수 있어'라고 느낀다.

인간은 누구나 장점과 단점이 있다. 장점을 칭찬받더라도 이와 동시에 그 밖의 단점을 어떻게 평가받느냐에 따라 느끼는 기쁨의 정도가 달라진다. 예를 들어 당신이 남자친구나 여자친구에게 '머리가 좋다'는 칭찬을 들었다고 가정해보자. 그런데 당신에게는 시간관념이 철저하지 못한 단점이 있다. 남자친구나 여자친구에게 "머리는 좋지만, 시간관념이 철저하지 못한 건 좋지 않은 것 같아"라는 말을 들었을 때와 "머리가 좋은데 시간관념까지 철저하면 오히려 내가 피곤해질 테니 너무 신경 쓰지 마"라는 말을 들었을 때 중 어느 쪽이 더 좋을까?

다른 사람의 단점을 비판하기는 쉽지만, 단점에 너그러워지는 일에는 상당한 노력이 필요하다. 그러나 다른 사람의 호감을 얻기 위해, 더 나아가 다른 사람들과 공생하기 위해서는 분명 필요한 노력이다.

불안에
대처하는 방법

다른 사람을 칭찬하는 일은 매우 간단해 보이지만, 사실 타인을 솔직하고 올바르게 칭찬하려면 마음의 여유가 필요하다. 머릿속이 온통 자신에 대한 생각으로 가득 차 있으면, 타인을 제대로 바라볼 수 없으며, 타인의 장점 또한 알아차리기 어렵다.

사람의 마음은 종종 '불안'으로 가득 채워진다. 우리는 원하는 대학에 합격할 수 있을지, 직장에서 자신의 능력을 인정받을 수 있을지, 배우자나 연인이 배신하지는 않을지, 돈이 부족하지는 않을지, 평생 건강하게 살 수 있을지 등등 수많은 불안감을 안고 살아간다. 그런데 불안감이 지나치다 보면 타인을 올바르고 솔직하게 칭찬하기는커녕 자신의 불안을 눈치채지 못하고 알아주지 않는 주위 사람에게 불만을 쏟아내게 된다. 그러니 우선 불안감을 어떻게든 해소하려고 노력해야 한다. 불안감이 느껴지면 지금 자신의 마음에 여유가 사라지고 있다고 생각하고, 다음과 같은 대처 방법을 시도해보자.

세로토닌 분비량을 증가시킬 수 있는 생활 습관을 기른다

세로토닌의 분비를 늘리는 방법으로는 일찍 자고 일찍 일어나는 규칙적인 생활, 적당한 운동, 피로 회복을 위한 목욕 등이 있다. (자세한 내용은 〈2장. 운을 바꾸는 자기 긍정 메커니즘〉 중 '활동일주기에 맞춰 생활해야 하는 이유'(84~87쪽)를 참고하자.)

불안감을 '생리 현상'으로 받아들인다

여성은 특히 생리 전에 세로토닌의 분비량이 감소하는 것으로 알려져 있다. 그러니 가끔은 불안감을 생리 현상의 일종으로 받아들이는 것도 좋은 방법이다. '왜 자꾸만 불안해지는 걸까?', '걱정이 되어서 견딜 수가 없다'고 심각하게 고민할 것이 아니라, 배가 고프거나 생리 전 배나 허리에 통증이 생기는 것처럼 불안감도 하나의 생리 현상이며, 단지 세로토닌의 분비량이 감소한 것일 뿐이라고 생각하자. 이렇게 생각하면 불안이 또 다른 불안을 불러들여 불안감이 증폭되는 악순환을 피할 수 있고, 자신의 상태를 관리하면서 힘든 시기를 극복해낼 수 있을 것이다.

불안감을 받아들이는 방법을 바꾼다

많은 사람이 불안감을 최대한 피하고 싶어 하지만, 사실 불안감은 살아가는 데 필요한 기능 중 하나다. 불안을 느끼기 때문에 인내하고 고민하며 노력할 수 있기 때문이다. 병에 걸릴까 봐 불안해지면 병에 걸리기 전에 미리 생활습관을 개선하고, 회사에서 정리해고를 당할까 봐 불안해지면 그런 일이 일어나지 않도록 평소에 최선을 다해 일하고, 사업이 망하지는 않을까 불안해지면 만일을 대비해 여유자금을 모아두는 식으로 말이다.

세로토닌의 분비량이 억제되는 것은 부주의한 행동을 미연에 방지하기 위한 뇌의 작용일지도 모른다. 이렇게 생각하면 불안도 무조건 나쁜 것만은 아니다.

불안감을 상자에 넣어버린다

　불안감 중에는 간혹 이유를 알 수 없는 막연한 불안감이 있다. 이럴 때는 불안감을 느끼고 있는 자신을 객관적으로 바라보려고 노력하는 것이 좋다. 불안을 느끼는 순간, '아, 내가 지금 불안감을 느끼고 있구나'라고 자각하는 것이다. 그리고 불안감을 마치 하나의 사물처럼 자신에게서 떨어뜨려 놓고 생각해보자. '지금 내가 불안감을 느끼는구나. 일단 오늘은 이 불안감을 상자에 넣고 싹 잊어버리자. 고민할 일이 생길 수도 있지만, 나중에 생각하지 뭐'라며 넘겨버리는 것이다. 다음 날 그 상자를 열면 아마 전날 느꼈던 불안감은 대부분 사라져 있을 것이다.

9 　왜 상대를 도와주면서
　　고마워해야 할까?

　　　　　앞서 운 좋은 사람은 타인을 밀어내고 혼자
이기려드는 사람이 아니라, 타인과 함께 살아가려고 노력하
는 사람이라고 설명했다. 운을 자신의 편으로 삼기 위해서
는 일상 속에서 타인을 배려하고 이해하며 돕는 것이 중요
하다는 뜻이다.

　　그런데 자신이 아닌 다른 사람을 도울 때 명심해야 할 사
실이 있다. 바로 감사하는 마음을 갖는 것이다. '고마움을 표
시해야 하는 건 도움을 받는 쪽이 아닌가?'라고 생각할 수
있겠지만, 감사하는 마음을 가져야 하는 건 오히려 도움을
주는 쪽이다.

대뇌 피질 중 전두엽의 앞부분인 전전두엽의 내측부는 자신의 행동을 평가하는 기능을 담당한다. 다른 사람을 속여서 혼자 이득을 취하는 일, 예를 들어 동료를 밀어내고 혼자 출세하거나, 전철 안에서 눈앞에 서 있는 노인을 못 본 척하면 '나쁜 짓을 했다'는 생각이 들어 양심에 찔리지 않는가? 반대로 동료를 배려하는 행동을 하거나 노인에게 자리를 양보했을 때는 '좋은 일을 했다'는 생각에 기분이 좋아진다. 이처럼 자기 행동의 옳고 그름을 판단하는 곳이 바로 내측 전전두엽이다.

내측 전전두엽이 '착한 행동이었다'고 판단하면 뇌의 보상계가 자극을 받아 '좋은 일을 하니까 기분이 좋은걸', '나 지금 좀 멋있었어'라는 생각이 들게 된다. 즉, 누군가를 도우면 당연히 뇌가 이를 '착한 행동'이라고 판단해 기분이 좋아지는 것이다. 또 다른 사람을 도우면 상대방으로부터 "고마워", "네 덕분에 살았어"와 같은 감사의 말, 즉 사회적 보상도 얻게 된다. 타인을 위해 무언가를 하기 위해서는 시간과 노력, 때로는 돈이 필요하므로 얼핏 보기에 희생을 하고 있다고 느껴질 수 있다. 그러나 실제로는 남을 돕는 만큼 자신의 기분도 좋아지고, 때로는 사회적 보상까지 얻는 셈이다.

운의 과학

누군가를 돕거나 다른 사람을 위해 생각하고 행동할 때 기억해야 할 점이 한 가지 더 있다. 바로 '호혜성의 원리 reciprocity principle'다. 인간에게는 원래 상대방에게 무언가를 받으면 그만큼 보답하려는 성향이 있으므로, 누군가에게 도움을 받으면 당연히 '보답하고 싶다'는 마음이 생긴다는 뜻이다.

예를 들어 슈퍼마켓 식품 코너에 가면 가끔 시식을 할 때가 있다. 직원이 건네준 제품을 시식하고 나면 설령 그 제품이 맛이 없다고 해도 제품을 사지 않고 자리를 뜨기가 왠지 미안해진다. 특히 가족이 전부 시식을 했다면 굳이 먹고 싶지 않은데도 사게 될 때가 있다. 또 친구가 여행 다녀온 기념으로 선물을 주면 자신도 여행을 갔을 때 선물을 사와야 찜찜한 기분이 들지 않는다. 상대방이 보답을 바라고 선물을 준 게 아니라는 걸 알지만, 어떠한 형태로든 답례를 하지 않으면 찜찜한 것이다.

이처럼 사람은 누군가로부터 어떠한 도움을 받으면 빚을 진 기분이 들어 그냥 있지 못한다. '도움을 받았을 때 제대로 답례하지 않는 사람은 미움을 받는다'는 사회적 페널티가 존재한다는 사실을 무의식적으로 알고 있기 때문이다.

즉, 누군가를 돕는다는 것은 상대방에게 그런 기분이 들게 하는 일이다. 물론 도움을 받은 상대방은 고마운 마음을 가진다. 그러나 동시에 '미안하다', '보답하고 싶다'는 기분도 갖게 된다.

그러니 누군가를 돕는 행위는 소중하지만, 상대방에게 심적 부담을 안기고 있다는 점도 잊어서는 안 된다. '내가 상대방을 도와준다'는 생각보다는 '내가 돕는 것을 상대방이 허락해준다'는 겸허한 마음을 갖는 것이 중요하다. 또 상대가 보답을 하면 기분 좋게 받아들이자. 보답을 거절하면 상대방은 줄곧 마음의 빚을 안은 불편한 상태에 있게 되고, 결국 당신을 부담스러운 존재로 여기게 될 것이다. 따라서 답례를 받음으로써 상대방의 기분을 편안하게 해주는 것도 매우 중요하다.

4
장

행운을 잡는 사고방식

THE SCIENCE OF LUCK

1 '세렌디피티'를
얻는 방법

운이란 비과학적인 것이라는 인상이 강할 것이다. 그런데 사실 과학자 대부분은 '우연한 행운'을 갈망한다. 한동안 '세렌디피티serendipity'라는 말이 유행했다. 세렌디피티란 생각지도 못한 것을 우연히 발견하는 능력, 행운을 불러들이는 힘을 뜻한다. 즉, 우연한 행복을 잡아채는 능력이라고 말할 수 있는데, 과학 연구 분야에서는 실험 도중에 실패해서 얻은 결과가 중대한 발견이나 발명으로 이어지는 경우를 일컫는다. 실제 과학의 세계에서 세렌디피티로 위대한 발견을 한 사례가 적지 않다.

대표적 사례로는 2000년에 노벨화학상을 수상한 시라카와 히데키白川英樹 박사가 전기가 통하는 플라스틱을 개발한 일(정식 명칭으로는 '전도성 고분자의 발견과 개발'이다)을 들 수 있다. 1967년 당시 도쿄공업대학교의 조교였던 시라카와 박사는 플라스틱의 일종인 폴리아세틸렌polyacetylene의 합성 실험을 하고 있었다. 그러던 어느 날 실험에 참여한 한 연구원이 합성을 위해 사용해야 하는 촉매의 농도를 착각하는 일이 벌어졌다. 일반적인 촉매의 농도라면 합성 후 검은색 분말 상태로 바뀌어야 하는데, 이날은 은색의 엷은 막이 생긴 것이다. 박사는 단순히 실험이 실패했다고 생각하지 않고 은색 막이 생긴 원인을 찾기 위해 실험을 거듭했고, 마침내 이를 통해 전기가 통하는 플라스틱을 발견할 수 있었다.

또 2002년에 '연성 레이저 이탈기법'으로 노벨화학상을 수상한 시마즈제작소의 다나카 고이치田中耕一의 경우도 실험의 실패가 큰 발견으로 이어진 사례다. 다나카는 어느 날 실험을 하다 원래 써야 하는 용액이 아닌, 다른 용액을 사용하고 말았다. 그는 용액을 금속 초미분말(매우 미세한 금속 분말)에 섞자마자 곧바로 자신의 실수를 깨달았다. 그러나 '실수를 하기는 했지만, 금속 초미분말을 그냥 버리는 건 아깝다'는 생각에 실험을 계속 진행했고, 이 실수가 새로운 발견으로 이어졌다. 이러한 일들은 과학의 세계에서 일어나는 세렌디피티의 사례 가운데 극히 일부에 지나지 않는다. 이 외에도 세렌디피티를 크게 발휘한 과학자들이 적지 않다. 비단 과학자뿐만 아니라 다양한 업계와 분야에도 이처럼 우연한 행운을 잡아챈 사람은 수없이 많다.

세렌디피티를 크게 발휘한 사람들은 종종 '운 좋은 사람'이라는 소리를 듣는다. 그렇다면 그들에게 공통적으로 '운을 트이게 하는 비결'이 있다고 볼 수 있지 않을까? 과연 그 공통점은 무엇일까? 나는 만약 행운의 여신이 존재한다면 그들은 행운의 여신이 쏜 행운의 화살을 잡을 준비가 되어 있었던 사람들이라고 생각한다.

행운의 화살을 잡으려면 명확한 목적을 갖고, 이를 늘 염두에 두어야 한다. 세렌디피티를 발휘한 사람들은 '나는 이것을 하고 싶다', '이 목적을 달성하고 싶다'는 생각을 강하게 갖고 있었다. 시라카와 박사는 중학생 시절부터 '고분자 연구를 하고 싶다', '새로운 플라스틱을 만들고 싶다'고 생각했다고 한다. 물론 하고 싶은 수많은 일 가운데 하나였다고는 하지만, 만약 이러한 생각이 아예 없었다면 박사의 세렌디피티는 발휘되지 않았을 것이다. 또한 다나카 고이치의 연구팀도 '분자량이 1만인 시료의 이온화'라는 원대한 목표를 갖고 있었다.

목적이나 목표가 정해지면 그것을 이루기 위해 구체적인 노력을 하게 된다. 어떻게 하면 목표를 달성할 수 있을지 고민하며 지혜를 짜낸다. 이러한 과정에서 창의적인 아이디어가 탄생하는 것이다. 이외에도 호기심이나 포기할 줄 모르는 성격 등 행운의 화살을 잡기 위해 필요한 것은 많은데, 결국 모두 구체적인 목적과 목표가 있어야 이러한 것들도 발휘될 수 있다. 달리 말하면 구체적인 목적이나 목표 없이는 아무것도 시작할 수 없다는 뜻이다. 애초에 행운의 여신이 목적이나 목표가 없는 곳으로 행운의 화살을 쏠 리는 없을 테니 말이다.

2 행복 척도에 따른 목표를 설정한다

목적이나 목표를 가질 때도 중요한 점이 있다. 자신만의 '행복 척도'를 갖는 것이다. 자신만의 행복 척도에 따라 목적이나 목표를 결정하는 것은 매우 중요하다.

그런데 애초에 운이 좋다 혹은 운이 나쁘다는 것은 어떠한 상태를 가리키는 것일까? 예를 들어 복권에 당첨되어 거금을 손에 넣은 사람이 있다고 가정해보자. 복권으로 거금을 손에 넣었다는 사실만 놓고 본다면, 이 사람은 분명 운이 좋다고 말할 수 있다. 그러나 속내를 들여다보면 그렇게 단정하기 어려운 경우도 많다. 이 사람이 당첨금보다 더 많은 거액의 빚을 지고 있을 수도 있다. 또 복권에 당첨되어 거금을 손에 넣는 바람에 가족 간에 불화가 생긴다거나 오히려 인생을 망친 사람의 이야기도 심심치 않게 들린다.

물론 이러한 거금을 유용하게 사용해 더 큰 행복을 누리는 사람도 있다. 즉, 운의 좋고 나쁨은 객관적으로 정의할 수 있는 것이 아니다. 비슷한 처지에 놓였을 때 이것이 운이 좋은지 나쁜지 판가름할 수 있는 건 결국 자기 자신뿐이다.

그렇다면 스스로 운이 나쁘다고 여기는 사람은 왜 그런 생각을 하게 되는 것일까? 나는 그들이 자신만의 행복 척도를 따른 목적이나 목표를 갖고 있지 않은 것이 가장 큰 이유라고 생각한다. 자신이 정한 행복의 가치관에 따라 '이렇게 하고 싶다', '저렇게 하고 싶다'고 생각하지 않기 때문이다.

자신만의 가치관이 명확하지 않은 사람은 타인의 의견이나 일반적인 가치관에 쉽게 영향을 받는다. 일례로, 복권에 당첨되어 수십억의 당첨금을 받은 한 부부가 있다. 그들은 어느 기업의 공장에서 일하고 있었는데, 당첨금으로 자신들의 근무처인 회사를 사들였다. 피고용자에서 고용자로 화려한 변신을 꾀한 것이다. 그러나 몇 년 후 그 기업은 당첨금을 뛰어넘는 거액의 빚을 남긴 채 도산하고 말았다. 어쩌면 그 부부는 사업가가 되려는 목표가 전혀 없었음에도 단

운의 과학

지 피고용자보다 고용자가 되는 편이 행복하다는 일반적인 가치관에 휩쓸려버린 것인지도 모른다. "회사를 사는 게 어때?"라는 누군가의 의견에 영향을 받았을 수도 있다. 진의는 알 수 없지만, 이 부부에게 자신들이 생각하는 행복을 이루기 위한 뚜렷한 목적이나 목표가 있었다면, 그리 쉽게 회사를 사들이지는 않았을 것이라 생각된다.

비슷한 예로 스타일도 좋고 미모도 뛰어난 여성에게 제삼자가 무심코 "모델을 하면 되겠네"라고 말했다고 하자. 그녀가 모델이라는 직업에 보람과 삶의 활력을 느낀다면, 모델의 길을 선택해서 행복해질 수 있다. 그러나 단순히 다른 사람의 말에 영향을 받아 모델이 된다면 언젠가 자신의 직업에 대해 후회하거나 고민에 빠지게 될 것이다.

자신만의 '행복 척도'를 따른 목적이나 목표가 없으면 모처럼 얻은 기회나 노력은 물거품이 되고 만다. 또한 다른 사람의 의견이나 일반적인 가치관에 휩쓸려 돈과 학력, 지위, 용모 등의 '도구'를 잘못 사용하게 될 수도 있다. 이는 결국 '불운'이라고 할 수밖에 없는 상황을 초래한다.

앞서 세렌디피티를 발휘한 예로 이야기했던 다나카 고이치는 노벨상을 수상할 당시 43세였으나, 이때 그의 직함은 '주임'이었다. 세간의 시선에서 보자면 마흔이 넘어서도 '주임'에 머무른 사람은 출세가도에서 멀어졌다고밖에 볼 수 없다. 그런데 그는 일부러 출세할 수 있는 길을 택하지 않았다고 한다. 현장에 계속 머물고 싶었기 때문이다. 그는 자신의 손으로 직접 실험하고 장치를 조립하며, 고객과 만나 제품을 설명하는 현장이 자신에게 무엇보다 소중하다고 생각했다. 만약 그가 그런 가치관을 가지지 않았다면 현장에 오래 머물러 연구를 계속할 수도, 이를 통해 노벨상을 수상하는 쾌거를 이룰 수도 없었을 것이다.

당신은 이루고 싶은 꿈이 무엇인가? 당신이 살아가는 목적, 목표는 무엇인가? 그 목적과 목표는 당신만의 행복 척도를 따른 것인가? 행운의 화살을 잡기 위해서는 우선 이 점을 확실히 할 필요가 있다.

3   모든 일은 랜덤워크 모델처럼 일어난다

행운의 화살을 잡기 위해서는 자신이 시작한 게임에서 쉽게 물러나지 않아야 한다. 운이 좋은 사람들은 이 점을 철저히 지킨다. 우리는 살아가면서 온갖 게임에 참가한다. 입시나 취업 활동은 물론이고, 결혼을 하고 가정생활을 꾸리는 것도 일종의 게임이다. 그런데 이혼을 하거나 가족이 뿔뿔이 흩어져 버리면 가족이라는 이름의 게임은 끝나고 만다. 일을 그만두면 직업이라는 이름의 게임은 끝나버린다.

대체로 우리는 여러 개의 게임을 동시에 하고 있는데, 운이 좋은 사람은 자신이 생각하는 결정적인 게임에서 결코 스스로 내려오지 않는다. '결정적'이라는 것은 자신만의 행복 척도를 따른 꿈과 관련이 있다는 뜻이다. 예를 들어《해리포터》시리즈의 저자 조앤 K. 롤링Joan K. Rowling은 전 세계가 알 만한 유명 작가이지만, 이 시리즈의 1탄인《해리포터와 마법사의 돌》을 집필했을 당시에는 무명이었다. 그녀는 어릴 적부터 소설 쓰는 것을 좋아했지만, 소설을 집중적으로 쓸 만한 여건을 갖추지 못했다. 불행한 결혼 생활을 했던 그녀는 이혼 후 홀로 자녀들을 키웠다. 극심한 생활고에 시달린 탓에 우울증까지 생겼다. 그러한 어려움 속에서도 작가의 꿈을 포기하지 않았고, 우울증을 완치한 후 생활보호 대상자로 살아가며《해리포터와 마법사의 돌》을 써 내려갔다.

그런데 훗날 엄청난 베스트셀러가 된 이 작품은 당시에 12개 출판사에서 출간을 거절당했다. 13번째로 투고한 출판사에서 드디어 출간이 결정되었고, 세계적인 베스트셀러가 되자 속편을 연달아 출간할 수 있었다. 그 후 그녀는 재혼을 했고, 지금은 영국에서 최상위에 속하는 부자가 되었다.

이러한 꿈같은 이야기를 그녀가 실현할 수 있었던 까닭은 무엇일까? 애초에 그녀가 재능을 갖고 있어서일까? 물론

틀린 말은 아니다. 하지만 아무리 재능이 있어도 그녀가 '소설가'가 되는 게임을 도중에 그만두었다면 지금의 상황을 만들지 못했을 것이다. 즉, 꿈이나 목표를 이루려면 어떤 고난과 어려움이 있다 하더라도 게임에서 물러나지 말아야 한다. 운이 좋은 사람은 어찌 보면 단순한 이 사실을 지키기 때문에 행운을 잡는 것이다.

그런데 말은 쉽지만, 꿈과 목적을 이뤄가는 여정이 실패의 연속이라면 당연히 포기하고 싶어질 것이다. 이럴 땐 어떻게 해야 할까? 게임에서 물러나고 싶어질 때는 게임이란 항상 랜덤워크 모델에 따라 진행된다는 점을 상기하자. 동전을 던졌을 때 앞면이 나올 확률과 뒷면이 나올 확률은 각각 2분의 1이다. 그렇다면 동전을 1만 번 던져 앞면이 나오면 플러스 1, 뒷면이 나오면 마이너스 1만큼 가도록 점을 찍어 결과를 표시한다면, 과연 어떤 그래프가 그려질까? 확률이 반반이니 대개는 0을 중심으로 좁은 범위를 왔다 갔다 할 거라 예측할 것이다. 그러나 실제로는 그렇지 않다. 보통 마지막 1만 번째 점은 플러스 200~300 혹은 마이너스 200~300 정도에 찍히는 경우가 많다. 이처럼 결과는 예측이 불가능하다. 이것이 앞서 언급한 바 있는 랜덤워크 이론이다.

랜덤워크 모델을 꿈이나 목적을 위한 여정에 대입해보자. 마이너스 방향은 꿈이나 목적을 실현하는 데 있어 부정적인 사건이 벌어지는 경우, 플러스 방향은 긍정적인 사건이 벌어지는 경우라고 가정하자. 동전을 던졌을 때와 마찬가지로 꿈이나 목적을 이루기 위한 여정에서도 부정적인 사건이나 긍정적인 사건이 연달아 일어날 때가 있다.

그런데 장기적인 관점에서 봤을 때는 이러한 시기에 반드시 그와 반대되는 부정적이거나 긍정적인 사건이 끼어들게 된다. 즉, 결과적으로는 긍정적인 사건과 부정적인 사건이 각각 절반 정도씩 일어나는 것이다.

운이 나쁜 사람은 이러한 장기적인 관점에서 사건을 보지 못하므로 부정적인 사건이 잇달아 발생하면 게임을 쉽게 포기한다. 가령 투자나 도박에서 잇달아 패할 때 마지막 한 판에 모든 것을 걸고 가진 돈을 모두 쏟아부어 결국 파멸하고 마는 사람이 이에 해당된다. 이와 마찬가지로 운이 나쁜 사람은 자포자기식으로 자신의 꿈과 목적을 포기해버린다. 반면 운이 좋은 사람은 부정적인 사건이 잇달아 일어나도 게임에서 물러서지 않는다. 패배가 이어질 때는 손실을 최소화할 수 있도록 노력하며 다음 기회를 대비한다.

장기적인 관점에서 보자면 누구에게나 좋은 일과 나쁜 일은 거의 비슷하게 일어난다. 단지 운이 나쁜 사람은 게임을 도중에 포기한 반면, 운이 좋은 사람은 마지막까지 게임을 포기하지 않았을 뿐이다. 그래서 운이 좋은 사람은 더 큰 행운을 붙잡고, 운이 나쁜 사람은 점점 불행한 길로 접어들게 되는 것이다. 즉, 행운을 손에 넣느냐 마느냐를 판가름하는 것은 그 사람이 원래 가지고 있던 운의 좋고 나쁨이 아니라 게임을 대하는 태도라 할 수 있다.

그러니 꿈이나 목적으로 향하는 길이 항상 랜덤워크 모델처럼 진행된다는 사실을 명심하자. 부정적인 사건이 잇달아 발생할 수도 있지만, 언젠가 반드시 긍정적인 방향으로 흘러갈 때가 온다는 사실을 잊어서는 안 된다. 그리고 언젠가 찾아올 긍정적인 순간을 위해 지금 자신이 할 수 있는 일이 무엇인지 생각하고 준비하자. 반대로 긍정적인 일들이 계속 이어져도 절대 긴장을 늦추지 말고 꿈을 실현하는 데 매진하자. 게임에서 물러나지 않고 끈질기게 버티는 것, 이 것이 마지막에 웃는 비결이다.

4 뇌는 새로운 자극을 원한다

게임에서 승리하려면 결코 물러나지 않아야 하지만, 어떤 게임에든 자신을 끌어내리려고 하는 적이 등장하기 마련이다. 그중에서도 가장 큰 적은 '싫증'이 아닐까 한다.

'끈기는 재능을 이긴다'는 말을 누구나 알지만, 실천하기는 어렵다. 그 원인은 뇌의 특성에 있다. 뇌가 한 가지 자극에 쉽게 익숙해지고 싫증을 느끼기 때문이다. 그렇다면 뇌가 싫증을 느끼지 않도록 하려면 어떻게 해야 할까? 뇌의 보상계를 적절히 활용하고 뇌에 항상 새로운 자극을 주어야 한다.

언어 학습을 예로 들어보자. 사회인이 된 후 영어 같은 외국어를 공부하다 한 번쯤 좌절해본 경험이 있을 것이다. 언어 학습은 꾸준히 지속하는 것이 매우 중요한 동시에, 꾸준히 지속하기 가장 어려운 일이기도 하다. 나는 서른두 살에 처음으로 프랑스어 공부를 시작했다. 프랑스 사클레이연구소에 근무할 가능성이 커지면서 갑작스럽게 프랑스어를 공부해야만 했던 것이다. 대학에서는 제2외국어로 독일어를 공부했기에 프랑스어는 그야말로 기초부터 시작해야 했다.

프랑스어 공부를 시작한 후 실제로 연구소에 근무하기 전까지 약 1년의 시간이 있었는데, 다행히 그 기간에 일상생활이 가능할 만한 수준의 프랑스어를 익힐 수 있었다. 나는 공부를 하기에 앞서, 우선 프랑스어를 할 수 있게 되면 어떤 일을 할 수 있는지 구체적으로 그려보았다.

예를 들어 프랑스어를 할 수 있으면 프랑스 카페에 혼자 들어가 원하는 음료와 쿠키를 즐길 수 있겠구나, 현지 연구자들과 흥미로운 연구에 대해 논의할 수 있겠구나, 오에 겐자부로大江健三郎가 노벨문학상을 수상했을 때처럼 프랑스어로 연설을 할 수 있다면 정말 근사할 텐데 하는 생각을 했다. 그리고 '나도 반드시 그렇게 해보이겠어!'라고 결심했다.

외국어를 공부하는 사람이 흔히 저지르기 쉬운 실수 중 하나가 단순히 '말을 유창하게 할 수 있으면 좋겠다'고 목표를 막연하게 정하는 것이다. 언어란 대화 수단 중 하나일 뿐이다. 그러므로 이러한 수단을 이용해 무엇을 하고 싶은지, 어떤 상태가 되고 싶은지 구체적으로 생각해보는 것이 중요하다. 그리고 이러한 목표를 달성했을 때의 자신의 모습을 머릿속으로 계속 그려보는 것이다.

나는 그다음으로 내가 정한 목표를 이루기 위해 지금 내가 해야 할 일이 무엇인지를 생각한 후 먼저 발음부터 공부했다. 발음을 알게 되면 그동안 소음으로밖에 들리지 않았던 소리가 의미를 갖게 된다. 이 순간은 꽤 감동적이다. 그다음으로 얇은 문법책 한 권을 마스터한다는 목표를 세웠다. 처음부터 두꺼운 참고서를 고르면 중간에 포기할 가능성이 크다. 차라리 얇더라도 한 권을 끝마치는 편이 더 큰 성취감을 느낄 수 있다. '결국 해냈다!'는 감동도 받게 된다.

기초를 어느 정도 알고 나자 프랑스인에게 직접 편지를 쓰고 싶다는 생각이 들었다. 프랑스어로 내 마음이나 생각을 전달하고 싶어진 것이다. 그래서 프랑스인 펜팔 친구를 찾아 편지를 주고받기 시작했다. 생생한 프랑스어를 배울 좋은 기회였다.

당시에는 크게 의식하지 못했지만, 이제 와서 생각해보니 이러한 방법이 뇌의 특성과 잘 맞았던 것 같다. 발음, 문법, 편지 쓰기 등 단계적으로 뇌에 새로운 자극을 줄 수 있었기 때문이다. 같은 프랑스어 공부라도 처음에는 발음, 그다음에는 문법이라는 식으로 변화를 주었기에 싫증이 나지 않은 것이다.

또 발음을 배우고 말의 의미를 알게 된 후 문법 공부를 시작하자 조금씩 프랑스어를 말할 수 있게 되어 무척이나 즐거웠다. 그럴 때마다 뇌의 보상계가 자극을 받은 덕분에 의욕의 원천인 도파민이 분비되어 '다음번에도 열심히 해보자!'는 생각이 들었다.

뇌는 어떤 행동을 통해 쾌감을 느끼면 그 행동을 정확하게 기억해두었다가 다시 쾌감을 얻고 싶을 때 같은 행동을 반복하는 성질이 있다. 나의 프랑스어 공부 방법은 뇌의 이러한 성질을 효과적으로 이용한 것이다. 목표나 꿈이라는 게임에서 물러나지 않기 위해서는 이와 같은 방법을 사용하는 것이 좋다.

항상 '조금 다른 시도를 해볼까?', '다른 방법도 있지 않을까?'라는 식으로 새로운 방법을 떠올려보자. 뇌가 기뻐할 만한 새로운 자극을 주는 것이다. 그리고 이를 즐기면서 실천에 옮겨보자. 이는 뇌가 싫증을 느끼지 않도록 하는 방법이자, 자신의 목표와 꿈에 가까이 다가갈 수 있는 방법이다.

운의 과학

<u>5</u>   부정적인 상황은
어떻게 이용할 것인가

       누구나 살면서 실패와 좌절, 슬픈 이별 등 안 좋은 일을 겪는다. 아무리 운이 좋은 사람이라 하더라도 예외는 없다. 그렇다면 운이 좋은 사람과 운이 나쁜 사람의 차이는 어디에서 오는 것일까? 나는 그 차이는 부정적인 일이 일어났을 때 대처하는 방법에 있다고 생각한다.

    중성미자neutrino를 검출하고 중성미자 천문학이라는 새로운 학문 분야를 개척하여 2002년에 노벨물리학상을 수상한 고시바 마사토시小柴昌俊 박사는 수상 당시 '행운의 사나이'로 불렸다. 중성미자는 우주에 있는 소립자로, 우주의 수수께끼를 푸는 열쇠로 알려져 있다. 지구에도 항상 대량의 소립자가 쏟아져 우리 몸을 통과하고 있지만, 소립자를 검출하기란 매우 어렵다.

고시바 박사는 이러한 중성미자를 검출할 수 있는 거대한 장치 '카미오칸데'를 만들어(원래 카미오칸데는 양자의 붕괴 현상을 확인하기 위한 장치였다고 한다), 1987년 2월에 중성미자를 최초로 검출하는 데 성공했다.

중성미자는 16만 년 전에 큰 마젤란 성운에서 초신성이 폭발했을 때 발생한 것이다. 16만 년이라는 시간을 거쳐 대량의 중성미자가 지구로 날아왔는데, 이 중성미자를 검출한 것이 고시바 박사가 카미오칸데로 관측을 시작한 직후의 일이었다.

그는 정년퇴임을 불과 한 달 앞두고 있었는데, 중성미자가 관측 데이터 기록용 자기테이프를 교환하는 시간을 운 좋게 피해 카미오칸데에 날아오는 행운을 얻었다. 물론 고시바 박사가 단지 운만으로 중성미자를 검출한 건 아니다. 오랜 시간에 걸친 주도면밀한 준비, 끊임없는 노력, 새로운 발상, 행동력 등이 수반되었기에 마지막 순간에 행운을 자기편으로 끌어들일 수 있었다.

그런데 고시바 박사도 늘 운이 따라주었던 것은 아니다.

그는 어릴 적 음악가나 군인이 되고 싶다는 꿈을 안고 살았다. 하지만 중학생 때 소아마비를 앓게 되었고, 그 후유증으로 음악가와 군인의 꿈을 포기해야만 했다. 병상에 누워 생활하던 그는 어느 날 물리학을 접하게 되었다. 당시 담임선생님이 그에게 아인슈타인과 레오폴트 인펠트Leopold Infeld가 공동 집필한 《물리는 어떻게 진화했는가The Evolution of Physics》라는 책을 보내준 덕분이었다. 그리고 이 일은 수십 년 후에 노벨상 수상으로 이어졌다.

'연성 레이저 이탈기법'으로 노벨화학상을 받았다고 앞서 언급했던 다나카 고이치도 취업 활동 중 1지망이었던 전자제품 회사에 떨어지고 말았다. 게다가 평소 '다른 사람들의 건강에 도움이 되는 일을 하고 싶다'고 생각했기에 시마즈제작소에 지원할 때도 의료용 사업부에 배치되길 희망했지만, 입사 후 중앙연구소에서 근무하게 되었다. 처음에는 이 사실에 실망했지만, 결국 이 중앙연구소에서 진행한 연구가 노벨상 수상으로 이어졌다.

이처럼 얼핏 부정적인 사건처럼 여겨지는 일이 훗날 긍정적인 일로 변하는 경우는 우리 주위에도 많다. 특히 운이 좋다는 말을 듣는 사람 중에는 과거에 좋지 않은 일을 겪은 사람이 적지 않다. 이들의 공통점은 무슨 일이 있어도 결코 자포자기하지 않는다는 것이다.

물론 잠시 슬퍼하고 한탄하거나 괴로워하고 의기소침해지기도 할 것이다. 엄청난 타격을 입었을지도 모른다. 하지만 절대로 포기하지 않는다. 자포자기해 막무가내로 행동하거나 하던 일을 내팽개치지도 않는다. 어떤 의미에서 부정적인 상황을 일단 받아들인다. 그리고 '그럼 이제 어떻게 해야 할까?'라고 마음을 고쳐먹는다.

반대로 운이 나쁜 사람은 자신에게 안 좋은 일이 벌어졌을 때 그 일에 지나치게 매달린다. '최악이야. 이제 다 틀렸어'라고 생각하며 자포자기한다. 또 모든 일에서 손을 놓아버리기도 한다.

'안 좋은 일'이라고 한마디로 뭉뚱그려도 그 안에 담긴 사연은 천차만별이다. 큰 타격을 입히는 일도 있는 반면, 작은 손해로 끝나는 경우도 있다. 그러나 대부분의 일은 전체적인 맥락에서 본다면 그저 때때로 일어나는 잔물결 같은 것이며, 한시적인 일일 때가 많다.

그러니 부정적인 일이 벌어진다고 해도 거기에 지나치게 매달리지 않도록 하자. 좋지 않은 결과가 나와도 우선 그 상황을 받아들이는 것이다. 생각보다 어려울 수도 있지만, 우선 그렇게 해보려고 노력하자. 그리고 나서 부정적인 상황을 어떻게 이용할 것인지 생각하자. 그럴 수 있는 사람이야말로 운이 좋은 사람일 것이다.

목표를 이룬 자신의 모습을 늘 상상한다

어느 날 3억 원짜리 복권에 당첨되었다면, 당신은 이 돈을 어디에 사용할 것인가? 단 '일단 저축해둔다' 는 답변은 제외해야 한다. 당신은 이 질문에 선뜻 대답할 수 있는가? 그렇다면 당신은 운이 좋은 사람이다. 이것이 바로 자신의 꿈이 이루어질지 아닐지, 행운의 화살을 잡아챌 수 있을지 없을지를 결정하는 핵심이다.

꿈을 실현하는 사람, 즉 세렌디피티를 발휘할 줄 아는 사람은 항상 자신의 꿈과 목표에 대해 생각한다. 꿈과 목표가 이루어지는 순간을 늘 그려보는 것이다.

돈으로 살 수 없는 꿈과 목표도 물론 많지만, 돈이 꿈과 목표를 이루는 데 도움을 주는 경우도 적지 않다. 꿈과 목표에 대해 늘 생각하는 사람은 갑자기 굴러들어온 큰돈을 자신의 꿈과 목표를 이루는 데 사용하려고 할 것이 분명하다. 즉, 3억 원을 자신의 꿈과 목표를 실현하는 데 쓰겠다고 대답하는 사람은 운이 좋은 사람이라는 뜻이 된다.

별똥별에 소원을 빌면 이루어진다는 말도 마찬가지다. 별똥별이 소원을 들어주는 것이 아니라, 별똥별이 떨어지는 순간에 바로 떠오르는 꿈과 목표가 있는 상태, 즉 늘 머릿속으로 꿈과 목표를 생각하는 상태가 꿈에 한 발짝 다가가게 해주는 것이다. 그러니 우선 자신의 꿈이나 목표를 명확히 하자.

이때 중요한 것은 앞서 말한 것처럼 자기 나름의 행복 척도에 맞춰 꿈이나 목표를 설정하는 것이다. 혹시 자신이 지금 가지고 있는 꿈이나 목표가 일반적인 가치관이나 다른 사람의 의견을 아무 생각 없이 받아들인 것은 아닌지 점검해야 한다.

또 꿈과 목표를 현실적인 수준에 맞추는 것도 중요하다. 꿈이나 목표가 비현실적이면 뇌는 여기에 반응하게 된다. 지나치게 비현실적이면 동기 부여가 원활하지 않아 오히려 의욕이 떨어지게 되는 것이다. 그러므로 자신의 꿈과 목표가 지나치게 비현실적이라면 현실적인 수준으로 낮추도록 하자.

예를 들어 '타임머신을 타고 조선 시대로 가고 싶다'는 꿈은 비현실적이지만, '조선 시대와 같은 식생활을 해보고 싶다'든가, '조선 시대 서적에 둘러싸여 생활하고 싶다'는 바람은 현실적으로 가능하다.

또한 수단과 목적을 혼동하지 않는 것도 중요하다. '복권에 당첨될 수 있기를', '원하는 대학에 합격할 수 있기를', '좀 더 날씬해지기를'과 같은 바람은 사실 진정한 바람이라고 할 수 없다. 돈이나 학력, 스타일은 꿈이나 목표를 이루기 위한 수단에 불과하다. 생각해봐야 할 것은 그 후의 일이다. 복권에 당첨되고 싶은 이유가 무엇인가? 그 대학에 들어가고 싶은 이유는 무엇인가? 왜 살을 빼고 싶은가? 이 점을 확실히 해야 한다.

꿈이나 목표가 명확해지면 항상 머릿속으로 이를 의식하자. 뇌는 쉽게 잊는 특성이 있으니, 잊어버리지 않기 위해 종이에 적어두는 것도 효과적이다. 자신의 꿈이나 목표를 종이에 적어두면 쉽게 이룰 수 있다고들 말한다. 손에 넣고 싶은 것이 있다면 그 사진이나 그림을 가까운 곳에 붙여두는 것이 좋다는 말도 있다. 여기에도 뇌의 신경전달물질인 도파민이 관여한다. 도파민은 행복이나 기쁨을 느낄 때 분비된다.

꿈이나 목표를 적은 종이나 갖고 싶은 물건이 찍힌 사진을 바라볼 때면 인간의 뇌는 자연히 그 꿈이나 목표를 실현했을 때, 갖고 싶은 물건을 손에 넣었을 때를 상상하게 된다. 가령 새 옷을 사고 싶은 마음에 패션잡지를 뒤적이다가 자신이 좋아하는 스타일의 옷이 실린 페이지를 발견하면 가슴이 설렌다. 이는 뇌가 그 옷을 손에 넣었을 때를 상상하며 기쁨을 느끼기 때문이다.

뇌는 보상을 기대할 때 즐거움을 느끼는 특성이 있다. 이러한 쾌감은 실제로 보상을 얻었을 때 느끼는 정도와 같거나 오히려 더 크다. 바로 이러한 쾌감이 사람의 마음과 행동을 움직이는 것이다.

종이에 적은 꿈과 목표를 봤을 때도 마찬가지다. 꿈이나 목표가 실현된 순간을 상상하면 뇌가 쾌감을 느껴 도파민이 분비된다. 그리고 '의욕'과 연관이 있는 도파민은 꿈이나 목표를 달성하기 위한 행동을 촉진한다.

그러니 꿈이나 목표를 종이에 적고 그 내용을 자주 들여다보자. 보지 않더라도 꿈과 목표가 실현된 후의 모습이 저절로 상상될 때까지 끊임없이 그 내용을 들여다보자. 그러면 어느 날 갑자기 복권에 당첨되더라도 당황하지 않을 것이다. 돈을 어떻게 사용할지 이미 정해놓았으니 말이다.

운의 과학

운 좋은 사람들의
생활습관

1   긍정적인
기도의 효과

좋은 운을 끌어들이는 구체적인 노력이나 시도는 잠시 제쳐두고, 일단 기도를 하는 습관을 갖자. 종교가 없다면 조상님이나 하늘을 향해 기도하자. 자신의 바람이 이루어지도록, 운이 좋아지도록 말이다. 가끔은 이런 시간이 필요하다. 기도는 몸과 마음에 좋은 영향을 주며, 더 나아가 운을 향상시키는 결과를 낳기도 하기 때문이다.

그렇다면 어떤 기도가 몸과 마음에 좋은 영향을 미칠까? 자신은 물론이고 다른 사람의 행복까지 비는 긍정적인 기도다. 예를 들어 새해 첫날이 되면 많은 영업사원이 '올해는 실적을 높일 수 있기를' 하고 기원한다. 그런데 이는 오직 자신만의 행복에 초점을 맞춘 기도다. 이 경우에 자신의 실적이 오르면 다른 누군가도 행복해지는지 한번 생각해보자.

영업 실적이 오르면 월급이 인상되어 그토록 바라던 가족 여행을 갈 수 있을지도 모른다. 좋은 상품을 판다는 것은 고객에게 편리함과 기쁨을 주는 것이라고도 볼 수 있다. 이렇게 생각하면 내가 이루고 싶은 소원이 다른 사람을 행복하게 할 수도 있는 것이다. 그렇다면 여기에 초점을 맞춰 기도할 수 있을 것이다. '올해는 실적을 높일 수 있기를' 대신 '가족 여행을 갈 수 있도록 실적이 오르기를', '많은 고객에게 편리함과 기쁨을 줄 수 있기를'이라고 말이다.

'멋진 사람을 만날 수 있기를'이라는 소원을 빌고 싶다면 '부모님도 기뻐하실 만큼 근사한 사람과 만날 수 있기를'이라고 빌고, '집을 갖고 싶다'는 바람은 '아이들이 자유롭게 뛰놀 수 있도록 집을 갖고 싶다'거나 '부모님이나 친구들이 언제든지 와서 묵을 수 있는 집을 갖고 싶다'는 식으로 빌어보자.

앞서 내측 전전두엽이 자신의 행동을 평가하는 기능을 맡는다고 설명했는데, 기도의 내용에 대해서도 뇌는 옳고 그름을 판단한다. 자신만을 생각하는 기도보다도 다른 사람의 행복을 함께 기원할 때 당연히 뇌가 '좋은 기도'라고 판단한다. 또한 '누군가를 밀어내고 싶다', '저 사람이 졌으면 좋겠다'는 식의 부정적인 기도는 당연히 '나쁜 기도'로 여긴다.

뇌가 '좋은 기도'라고 판단하면 베타 엔도르핀beta-endorphin 이나 도파민, 옥시토신 등 쾌감을 유발하는 신경전달물질이 분비되는데, 그중에서도 베타 엔도르핀은 뇌를 활성화하는 작용을 하여 체내 면역력을 높이고 다양한 질병을 예방한다. 또한 베타 엔도르핀이 분비되면 기억력과 집중력이 향상된다고 알려져 있다. 옥시토신도 기억력을 향상시키는 작용을 한다.

참고로 뇌가 '나쁜 기도'라는 판단을 내릴 때는 스트레스 물질인 코르티솔cortisol이 분비된다. 코르티솔은 생체에 필수적인 호르몬이지만 과잉 분비되면 뇌의 기억 회로에서 중심적인 역할을 담당하는 해마 부위를 위축시키는 것으로 알려져 있다. 이처럼 좋은 기도는 몸과 마음을 건강하게 하며, 나쁜 기도는 건강에 안 좋은 영향을 끼친다.

그렇지만 타인의 행복을 억지로 무리하게 비는 것 또한 좋지는 않다. 내측 전전두엽은 거짓말을 철저히 간파한다. 진심이 아닌 기도를 아무리 덧붙여 봤자 뇌는 '이건 위선적인 행동이지?'라고 판단해 좋은 기도로 받아들이지 않는다. 그러니 무리하지 않는 선에서 자신뿐만 아니라 다른 사람의 행복까지 빌도록 하자. 이러한 행동은 몸과 마음에 긍정적인 영향을 끼칠 뿐만 아니라, 나아가 소원이 실현될 가능성을 높여준다.

뇌가 쾌감을 느끼는
이타적 행동

앞서 자신뿐만 아니라 다른 사람의 행복까지 비는 행동은 몸과 마음에 긍정적인 영향을 미친다고 말했다. 그리고 많은 사람을 위해 빌 때 그 소원은 더욱 잘 이루어진다.

예를 들어 '돈을 좀 더 많이 모았으면 좋겠다'고 소원을 빈다고 생각해보자. '돈을 좀 더 많이 모았으면 좋겠다'는 바람은 실제로 돈을 모으기 위한 동기를 만들 수 있고, 하나의 목표가 될 수도 있으므로 결코 무의미하지 않다. 그러나 단지 빌기만 한다고 해서 돈이 모이는 건 아니다. 실제로 돈을 모을 수 있을지 없을지는 기도를 한 후 어떤 행동을 취하느냐에 달려 있다.

자신만의 행복을 생각하는 사람과 더욱 많은 사람의 행복을 고려하는 사람은 행동에서 큰 차이를 보인다. 특히 어려움에 빠졌을 때 이러한 차이가 더욱 뚜렷이 드러난다. 예를 들어 돈을 모으고 싶다는 생각은 간절했지만 근무하던 회사가 도산해버렸다고 가정해보자. 소규모 회사이므로 사원 전체가 사표를 낼 수밖에 없는 상황이다. 이럴 때 자신만을 위해 돈을 모으려는 사람은 목표를 쉽게 포기하기 십상이다. '회사가 도산해버렸으니 이제 돈을 모을 방법이 없잖아'라고 생각하거나, '나 혼자서는 어떻게든 먹고살 수 있으니까 돈을 열심히 모을 필요는 없지'라며 목표를 포기해버린다.

그러나 가족이나 동료, 직원 등 수많은 사람을 위해 돈을 모아야 한다고 생각하는 사람은 그렇게 쉽게 포기하지 않는다. 가족을 위해, 동료를 위해, 직원을 위해 필사적으로 고민하고 갖은 궁리를 한다. 당연히 노력도 한다.

마쓰시타전기(지금의 파나소닉)의 창업자인 마쓰시타 고노스케는 자신의 저서 《결단의 경영決斷の經營》에 "거래처에 무리한 제안을 할 때면 땀 흘리며 일하는 직원들의 얼굴이 떠

올랐다"고 썼다. 회사를 경영하다 보면 가끔 거래처에 어려운 부탁을 해야 할 때가 있다. 단기간에는 거래처가 수익을 낼 수 없을 만큼 무리한 부탁이지만, 이렇게라도 하지 않으면 자사가 버텨낼 수 없기 때문이다. 이런 무리한 부탁을 할 때 마쓰시타는 직원들 얼굴이 떠올랐던 것이다.

자기 혼자만을 위한 일이었다면 이런 요구를 냉큼 철회하고 돌아가버렸을 것이다. 하지만 마쓰시타는 '내 뒤에는 수백 명의 직원이 있다. 내가 여기서 포기해버리면 열심히 일해준 그들의 노력이 물거품이 된다. 그러므로 여기서 물러날 수 없다. 나는 나만을 위해 돈을 버는 것이 아니라, 직원들을 위해 돈을 벌고 있다'고 생각했다.

요리도 혼자 있을 때보다 함께 먹어줄 누군가가 있을 때하고 싶은 마음이 든다. 다이어트도 살이 빠지는 것을 함께 기뻐해주는 사람이 있어야 더 오래 할 수 있다. 자신만을 위해 어떤 일을 하면 뇌에 그리 큰 변화가 일어나지 않는다. 그러나 자신이 아닌 다른 사람을 위해 행동했을 때는 뇌가 '좋은 일을 하고 있구나'라고 판단하여 쾌감을 유발하는 신경전달물질이 분비된다. 즉, 우리는 자신만을 위하기보다 다른 사람을 위해 행동할 때 감정이 더욱 잘 움직인다. 또 더욱

많은 사람을 위해 행동할수록 뇌에서 쾌감을 유발하는 물질
이 많이 분비된다. 자신만을 위해 행동하는 것보다 다른 누
군가를 위해 행동할 때 더 큰 힘도 발휘할 수 있다. 그러니
기도를 할 때도 더 많은 사람을 위해 기도하자. 그것이 바람
을 더욱 쉽게 이룰 수 있는 비결이다.

3 스트레스 물질을
줄이는 마인드셋

자신뿐만 아니라 다른 사람을 위해 기도하는 것, 가능한 한 많은 사람의 행복을 위해 기도하는 것이 가능해지면 그다음에는 '적의 행복을 비는 일'에 도전해보자.

왠지 모르게 불편하고 싫은 사람이 있는가? 그런 사람은 아예 생각조차 하지 않는 것도 하나의 방법일 수 있지만, 사실 불편하고 싫은 사람은 의외로 더 자주 생각나는 법이다. 불편하고 싫은 사람을 떠올릴 때는 뇌에 스트레스 물질인 코르티솔이 분비된다. 앞서 말했듯이 코르티솔은 생체에 반드시 필요한 호르몬이지만, 분비량이 지나치게 증가하면 혈압이나 혈당치를 상승시키거나 면역을 저하시키는 등 건강에 부정적인 영향을 끼친다. 기억이나 정신적인 면에도 그렇다. 그런데 불편하거나 싫은 사람의 행복을 진심으로 빌 수 있게 되면 뇌에 쾌감을 유발하는 물질이 분비되어 몸과 마음에 긍정적인 영향을 주게 된다. 그렇지만 사실 마음은 그리 쉽게 바꿀 수 있는 게 아니다.

나도 가끔 무슨 까닭인지 싫은 사람이 떠오를 때가 있다. 그럴 때는 석가모니가 데바닷타Devadatta를 대했던 방법에서 힌트를 얻는다. 데바닷타는 석가모니의 사촌으로 매우 우수한 사람이었지만, 석가모니를 지나치게 질투한 나머지 몇 번이나 석가모니를 죽이려고 했다. 또한 석가모니의 제자 500명을 데리고 교단을 떠나 자신의 교단을 세우기도 했다. 석가모니에게 데바닷타는 그야말로 '적'과 같은 존재였을 것이다. 그런데 《법화경法華經》에 따르면 석가모니는 "데바닷타는 전생에 나를 가르친 스승이었다. 내세에는 천왕여래天王如來라는 부처가 될 것이다"라고 선언했다.

또 티베트의 자유민주화를 위해 활동하고 있는 달라이 라마Dalai Lama는 티베트 사람들과 함께 중국의 강력한 탄압을 받고 있으면서도 "중국인 자체에 대해 증오심을 품어서는 안 된다. 적은 우리의 스승이다. 적은 매우 고마운 존재다. 인생의 괴로운 시기에 유익한 경험을 얻어 내면을 강하게 할 수 있는 최고의 기회다"라고 말했다.

석가모니나 달라이 라마와 같은 경지에 도달하기는 힘들지 몰라도, 이러한 생각에 가까이 다가갈 수는 있다. 냉정하게 생각해보면 불편하게 여기는 사람이나 싫어하는 사람을 반면교사로 삼을 수 있는 경우도 적지 않다. 불편하고 싫은 사람이 가지고 있는 요소를 자신에게서 발견하고 이를 바로잡을 기회로 삼는다면, 그야말로 적이 스승이 되는 것이다. 이렇게 생각하면 불편하고 싫은 사람을 대하는 태도나 사고방식이 조금은 바뀌지 않을까?

물론 싫어하는 사람의 행복을 억지로 빌 필요는 없다. 무리하게 기도를 해봤자 뇌가 금세 '거짓말이지?' 하고 눈치챌 것이다. 그러나 불편하고 싫은 사람을 바라보는 시선을 조금씩 바꾸려고 노력해보자. 그러면 뇌 안에서도 틀림없이 좋은 변화가 일어날 것이다.

근거 있는
플라시보 효과

가족이나 친구 등 친한 사람이 병에 걸려 쓰러지면 우리는 당연히 빨리 나으라고 기도한다. 이것이야 말로 진정 자신이 아닌 다른 사람의 안녕과 행복을 위한 기도일 것이다. 나는 이러한 기도가 어느 정도 효과가 있다고 믿는다.

'플라시보 효과placebo effect'라는 현상을 아는가? 플라시보 란 약효가 전혀 없는 가짜 약(위약)을 의미한다. 신약을 개발 하고 그 효과를 판정할 때 사용되는 것이 바로 플라시보 약 이다. 플라시보 약은 겉으로 보기에 진짜 약과 똑같이 생겼 지만, 내용물은 설탕을 굳혀 만든 알약 등으로 약효가 전혀 없다.

신약의 효과를 확인하는 실험에서는 피험자를 두 그룹으로 나누고, 한쪽에는 신약을, 다른 한쪽에는 약효가 전혀 없는 플라시보 약을 준다. 이때 당연히 플라시보 약이라는 사실은 숨기고, 진짜 약인 것처럼 효능을 설명해준다. 실험 결과, 플라시보 약을 받은 그룹의 30% 정도는 나타날 리 없는 약의 효과를 경험한다. 약이 효과가 있다고 믿기 때문에 세 명 중 한 명이 실제로 효과를 경험하는 것이다.

또 정신의학 전문의인 리 크랜들 파크Lee Crandall Park와 우노 코비Uno Covi가 실시한 실험에서는 의사가 환자에게 "이것은 단지 설탕으로 만든 알약이지만, 당신과 같은 증상을 보인 환자가 3주 동안 복용한 후 증상이 개선되는 효과가 있었다"라며 약을 건넸다. 그러자 이 실험에서도 약 30%가량의 환자가 원래 나타날 리 없는 효과를 보았다. 환자가 플라시보 약이라는 사실을 알았어도 의사의 말을 믿음으로써 효과를 본 것이다.

이와 반대로 '노시보 효과nocebo effect'라는 것도 있다. 이는 의학적으로 무해하더라도 유해하다고 믿어 병에 걸리거나 사망하는 것을 뜻한다. 예를 들어 환자에게 약을 줄 때 "부작용을 일으킬 가능성이 있다"고 알리면, 그것이 플라시보 약이라 하더라도 실제로 부작용을 일으키는 경우가 있다. 혹은 특정 약을 지속적으로 복용하고 있는 환자가 그 효과를 굳게 믿고 있는데, 의사가 그 약의 투여를 중지했다고 생각하면 실제로 약을 계속 투여하더라도 효과가 사라지기도 한다.

이처럼 인간은 생각만으로 몸에 다양한 변화를 일으킨다. 심지어 이러한 변화가 생사를 가르기도 한다. 믿음이 강할수록 신체에 변화가 나타날 확률도 높다.

이러한 믿음을 한층 강화하는 것이 바로 '그 사람을 위한 타인의 기도'라고 생각한다. 예를 들어 병으로 쓰러진 사람이 있다고 치자. 그 사람은 '이제 얼마 살 수 없을 거야'라고 생각하면서도, 한편으로는 '하지만 살고 싶어. 살 수 있을지도 몰라'라는 한 가닥 희망을 놓지 않는다. 그 사람을 보며 가족들은 제발 살아달라고 필사적으로 기도한다. 그 사람은 가족이 간절하게 기도하는 모습을 보고, 가족을 위해서라도 어떻게든 살아야 한다고 생각한다. 자신에게는 아직 살아갈 의미가 있다는 사실을 깨닫는 것이다. 이러한 깨달음이 진정으로 살아갈 힘이 되는 경우가 있다.

운의 과학

거울 뉴런의 영향으로 기도하는 이들의 절실한 마음이 환자에게 전해질 때도 있을 것이다. 삶의 의미를 되찾은 사람 중에는 뇌의 보상계가 자극을 받아 자연살생세포 등 면역세포가 활성화되어 질병이 낫는 경우도 있다.

이처럼 간절히 기도하면 상대방의 신체에 변화를 일으킬 수 있다. 물론 기도만으로 모든 병이 100% 완치되는 것은 아니지만, 기도는 때로 병을 낫게 하는 데 도움을 준다. 이는 믿을 만한 근거가 있는 사실이다.

에필로그

운이 좋아지는 방법은
의외로 간단하다

운이 좋아지도록 우선 '행운을 끌어당기는 뇌'로 바꾸는 것은 좋은 방법이다. 지금껏 뇌과학에 기반하여 좋은 운을 부르는 사고방식이나 행동 패턴 등에 대해 살펴보았다. 결국 운이란 선천적으로 타고나거나 태어나는 순간 결정되는 것이 아니라, 생각이나 행동 패턴에 따라 바뀌는 것이라고 할 수 있다. 그렇다면 사고방식이나 행동 패턴을 결정하는 뇌 자체를 '행운을 끌어당기는 뇌'로 만들면 되지 않을까?

예전에는 성인이 되면 뇌세포가 더 이상 증가하지 않고 감소하기만 한다고 여겼다. 사람의 뇌는 저마다 가진 유전

운의 과학

자에 따라 정해지며, 성인이 되면 뇌는 그 설계도대로 고정된다고 알려졌기 때문이다. 그런데 1998년에 스웨덴의 피터 에릭슨Peter Eriksson과 미국의 프레드 게이지Fred Gage가 성인의 뇌에서도 시냅스가 새롭게 생성된다는 사실을 밝혀냈다. 이들은 입원 중인 환자들의 협조를 받아 그들이 사망한 후 뇌를 조사했고, 해마의 치상회dentate gyrus에서 새로운 신경세포가 생성된 사실을 발견했다. 또 인간이 새로운 경험을 하여 뇌가 자극을 받으면 뇌 안이 점차 변화한다는 사실도 알아냈다. 이를 '뇌 가소성brain plasticity'이라고 한다. 즉, 나이가 몇 살이든 뇌를 성장시킬 수 있다는 뜻이다.

그렇다면 어떻게 해야 뇌에 변화를 일으킬 수 있을까? 행운을 끌어당기는 뇌를 만들려면 어떻게 해야 할까? 그 방법 가운데 하나가 '기도'다. 좋은 기도가 뇌에 긍정적인 영향을 준다는 점에 대해서는 이미 설명했는데, 단 한 번의 진심 어린 기도만으로도 뇌에 좋은 변화를 가져올 수 있다. 그러나 일상적인 행동이나 사고방식에 영향을 끼칠 만큼의 변화를 기대하기에는 부족하다. 인간의 세포는 교체되는 데 약 3주가 걸린다. 뼈와 같은 단단한 조직은 더 오래 걸리지만, 피부나 근육 등은 보통 3주가 걸린다. 뇌는 대부분 지방으로 이루어져 있으므로 뇌세포 또한 교체되는 데 3주 정도가 걸린다. 그러니 기도를 일상적으로 해야 한다. 매일 기도하면 뇌가 변화할 것이다.

내가 권하고 싶은 방법은 하루에 두 번, 아침과 저녁에 기도하는 것이다. 하루의 시작과 끝에 자신을 돌아보고 정리하는 시간을 가짐으로써 그 하루를 자신의 뇌를 성장시키기 위한 가장 가치 있는 시간으로 만들 수 있다.

일찍 잠자리에 들어 숙면을 취하고 일찍 일어날 수 있다면 더욱 좋다. 아침 햇볕을 쬐며 기도를 하면 마음을 차분하게 하는 호르몬인 세로토닌의 분비가 촉진된다. 아침은 밤보다 적극적인 자세를 갖기 쉬우므로 미래를 생각해 '장래에 꿈꾸는 자신의 모습'이나 '달성하고 싶은 목표' 등에 대해 집중적으로 기도한다. 참고로 최근 연구에서 인간이 미래를 생생하게 상상할 때 해마의 활동이 활발해진다는 사실이 밝혀졌다. 해마는 기억 회로에서 중심적인 역할을 담당한다(그렇다는 것은 시험 날 아침에 하는 기도도 효과적이라는 뜻이 된다).

밤에는 그날 하루를 돌아보며 반성하는 시간을 가진다. '장래에 되고 싶은 자신'을 위해, '달성하고 싶은 목표'를 위해 지금 자신이 할 수 있는 일이 무엇인지를 생각한다. 그리고 그렇게 하지 못한 이유에 대해 반성하고 내일 실천할 수 있는 일을 그려본다.

목표나 꿈을 이루기 위해서는 항상 의식적으로 이러한 생각을 하는 것이 좋으며, 이를 위해서라도 매일 기도하는 습관을 기르는 것이 좋다.

그런데 뇌는 루틴화(패턴화·단조화)를 지향하는 성질이 있다. 이는 생각하지 않고 할 수 있는 일을 최대한 늘리려고 하는 성질이다. '기도'라는 행위도 이러한 성질에 영향을 받기 쉽다. 즉, 의식적으로 하지 않으면 기도를 아무 생각 없이 습관적으로 하게 된다. 이렇게 해서는 당연히 뇌에 좋은 영향을 줄 수 없다.

　그러므로 매일 의식적으로 기도하는 것이 중요하다. 그
러기 위해서는 기도하는 자세나 시간, 장소를 정해두는 것
이 좋다. '아침 기도는 일어나자마자 아침 햇볕을 쬐며 하
기', '저녁 기도는 자기 전에 자세를 바르게 하고 마음을 가
다듬으며 하기'라는 식으로 정해두는 것이다. 그리고 매일
아침저녁으로 정성껏 기도를 한다. 이를 반복하다 보면 뇌
에 좋은 변화가 생겨 '행운을 끌어당기는 뇌'로 바뀌어갈 것
이다.

　지금까지 운을 좋게 하는 다양한 방법에 대해 이야기했
다. 여러분의 생각은 어떠한가? 운이 좋아지는 방법이란 것
이 의외로 누구나 할 수 있을 만큼 정말 간단하지 않은가?
이 책을 통해 여러분이 행운을 붙잡아 행복한 인생을 살 수
있기를 진심으로 기원한다.

운의 과학

참고문헌   나딘 드 로스차일드, 《로스차일드 가문의 상류 매너북》

다나카 고이치, 《일의 즐거움》, 김영사, 2004

마쓰시타 고노스케, 《결단의 경영》

무라카미 가즈오, 《기적을 부르는 백만 번의 기도 奇跡を呼ぶ100万回の祈り》

알베르트 아인슈타인·레오폴트 인펠트, 《물리는 어떻게 진화했는가》, 서커스

출판상회, 2017

캐서린 엘리슨, 《엄마의 뇌》, 나무수, 2010

후지이 사토시, 《왜 정직한 사람이 이득을 보는가》